あなたもできる!
保険営業のための

ドクターマーケット攻略術

隠れたニーズは引き出すな

牧野 克彦［著］

近代セールス社

はじめに——本書を手に取ったあなたへ

はじめまして、ウイッシュアップの牧野克彦です。本書を手に取っていただきありがとうございます。

本書を手に取ったということは、あなたはドクターマーケットにチャレンジしたいと思いながらなかなかチャレンジできていないのかもしれませんね。

そんなあなたに10年前のことをお話しします。

当時の私は毎日個人保険を追いかけて、土日祭日もなく朝から晩まで走り回っていました。日曜日の昼食は家族連れのファミレスで昼食を取るのがイヤで、コンビニで買ったパンを車の中でかじっていました。

生命保険の申し込みは順調にいただいていましたし、MDRTも毎年達成。収入も増え、生活も安定していました。でも、何か空しいのです。「こんな日々を過ごすために生命保険業界に飛び込んだのではないはずだ」…そんな思いが膨らんできました。そしてその不安は年々大きくなっていきました。

「私は、いつまで走り回っているのだろうか?」

「今のスタイルで営業活動を続けていくと将来どうなるのだろうか?」

仕事で成果を出せば出すほど、逆に空しさと不安が大きくなっていきました。

また、お客様の数が増えていくことは良いものの、毎日の活動の中に保全活動での時間が増え、新規のための営業活動をする時間が少なくなっていきました。でもお客様の立場からすれば、保全活動が最優先のはずです。

「収入は新契約からしか入らないし…」

「でも保全も大切なことだし…」

「いったいどうすれば…」

心の中で、不安が大きくなっていくのが分かっているのに具体的に何もできない私がいました。

そんな時です。ふと「開業医のマーケットに行きたい」…そんな思いが湧き上がってきました。

ところが、
・何から手をつけたらいいのか
・何を勉強すればいいのか
さっぱり分かりません。

手探りで始めてはみたものの、失敗の連続。何をしてもうまくいきません。関連する本を片っ端から買っては読み漁ってみました（１００冊以上は読んだと思います）。でも、一番知りたいことを書いている本はありませんでした。だから自信が持てません。敷居が高く訪問する勇気が持てません。何度か飛び込み訪問をしてみても、受付で断られてしまいます。

そんな時にある先輩からこう言われました。

「開業医に毎日2件2年間飛び込みをしたら必ず売れるようになるよ。どう？　やってみる？」

私は即答できませんでした。

「だって怖いし、そこまでやってうまくいかなかったらイヤだし、どうしよう…」

しばらく悩んだ末、

「とりあえず始めてみよう。途中でイヤになったらやめたらいいのだから」

そう思って始めてみることにしました。

結果は断られてばかり。それもかなり厳しい言葉で断られます。

「当医院の院長は保険屋さんなんかとは会いません」

「毎日飛び込んできて本当に迷惑しているんです。二度と来ないでください」

「昨日も来たじゃないですか。やめてください」

病院や医院の前で勇気を振り絞って飛び込むものの、ヘコんでしまう言葉を毎日浴びせられます。それでも2ヵ月は頑張りましたが、徐々に心が折れていきました。

「もうやめようかな…」

「結構頑張ったし、もういいんじゃない…？」

まさに心が折れそうになったその時です。急にある思いが湧き上がってきました。自分でもなぜそう思ったのかは分かりません。

「きっとみんなはここでやめるんだなあ、ここでやめたらみんなと同じになってしまう」

「ここでやめたら一生走り回る生保営業マンになってしまう」

「それはイヤだ！」

「よおーし、俺はもう少し頑張ってみよう」

結局2年間、挫折を繰り返しつつも、なんとかやり抜きました。

ちなみにその2年間の飛び込み営業でいただいた死亡保障の申込みは2件でした。

「なんだ、結局成果に結びついていないんじゃないの？」

あなたはそう思ったかもしれません。2年間で2件ですから…。

しかしこの2年間の経験がなかったら、今の私はないと言い切れます。

私はこの2年間の経験で開業医の共通点や特徴を知りました。それも本からではなく、自身の体験で身に付けたのです。今、私が開業医と気軽に話ができて、一瞬で仲良くなれるのはこの2年間の体験が活きているからだと思います。

本書は、私が開業医マーケットで10年間繰り返した失敗の体験をもとに書いています。

「あなたが私と同じ失敗をしないで済むように」

そんな思いで書きました。

あなたが本書を読んで、

「ようし、私もドクターマーケットにチャレンジしてみたい！」

「一度思い切ってドクターマーケットにチャレンジしてみよう！」

「なんだかワクワクしてきた！」

そんな気持ちになってもらいたくて、心を込めて書きました。

私は、ドクターマーケットにチャレンジして10年目になって、やっと少しずつ大阪の開業医の先生方に知られるようになりました。平成21年度、22年度は年間120回の研修や講演会をこなしました。

保険営業ができるのは月に1週間だけです。その営業活動でMDRTも達成しています。

以下は、ここ数年の私の契約実績です（平成23年11月〜平成26年4月末）。
※開業医マーケット以外の契約は含まない実績です。

開業医	年払	150万円
医療法人	月払	1000万円
医療法人	月払	32万円

医療法人　月払　870万円
医療法人　月払　20万円
医療法人　月払　15万円
医療法人　年払　500万円
医療法人　年払　600万円
医療法人　年払　800万円
医療法人　年払　200万円
医療法人　月払　62万円
医療法人　月払　21万円
医療法人　月払　80万円
医療法人　月払　50万円
医療法人　月払　30万円
開業医　月払　20万円
開業医　一時払　6000万円
医療法人　月払　50万円
開業医　月払　17万円
開業医　月払　15万円

医療法人	月払	30万円
医療法人	年払	1000万円
医療法人	年払	1380万円
医療法人	年払	400万円
医療法人	月払	12万円
医療法人	年払	500万円
医療法人	月払	80万円
医療法人	月払	60万円
医療法人	年払	880万円

意を決してドクターマーケットにチャレンジを始めてから長い時間がかかりましたが、ここまでできるようになりました。数え切れないほどの失敗をしながら、何度も挫折しながらですが、私でもできたんです。あなたにできないわけはありません。

もし不安なら、あなたがドクターマーケットでどうしても成功できない理由と、何があっても成功してはいけない理由を10個書き出してみてください。きっと1つもないことでしょう。

あなたさえ決意してチャレンジを始めれば、必ず成功できるのです。

それでもあなたが「それは牧野さんだから成功できたんだ。私にはきっとムリだ」、そう思うのであれば本書はあなたのお役には立ちません。

本書では私が繰り返した失敗をもとに事例を挙げ、今からドクターマーケットにチャレンジするあなたが最短最速で成功する方法を書いています。本書を読み終えたあなたが今以上に元気になって、ワクワクしながらドクターマーケットにチャレンジすることを願っています。


なお、はじめにお断りしておきます。

私は税理士ではありません。また、本書は税務について解説する本ではありません。医療法等について詳しく説明する本でもありません。

本書は生命保険外務員（以下「生保営業」で統一）が開業医の悩みや困っていることを理解し、開業医のお役に立つことで開業医から信頼されることを目指します。そして開業医と仲良くなって、結果的に開業医から大きな生命保険契約を預かれることを最大唯一の目的としています。

したがいまして、税理士と同じレベルの税務知識を求める方や、医療法等について詳細な勉強をしたい方は専門書等で勉強してください。本書ではお役には立ちません。

また、本書での医療法人とはいわゆる「一人医療法人」を表しています。平成19年3月までに設立された「持分の定めのある医療法人」（「旧型医療法人」で統一）と平成19年4月以降に設立された「持分の定めのない医療法人」（「新型医療法人」で統一）の2種類について記載しています。医療法に定められている他の医療法人については、本書ではほとんど触れていません。

理由は、私自身「一人医療法人」以外の医療法人とはお付き合いがなく、読者の皆様に有益な情報を提供できないからです。

本書はあくまでも私個人の経験に基づいて実際に「今」契約しているそのノウハウをお話しています。私は今の厳しい環境の中、頑張っている生保営業のあなたを応援したいと思い、本書を著しました。

以上のことをご了解いただいた上でお読みいただければ、きっとあなたの日々の営業活動のお役に立てることと確信しています。

では本編で会いましょう。

牧野　克彦

目次

第1章 ドクターマーケットの現状と課題

第2章 ドクターマーケット攻略のキモ

第3章 個人開業医を攻略する

第4章 医療法人を攻略する

第1章 ドクターマーケットの現状と課題

1 開業医は優遇されている？

(1) 租税措置法26条とは？

いわゆる医師優遇税制のことです。この制度は、開業医（個人開業）について社会保険診療報酬の収入額に応じて控除率（経費率）を定めているものです。

つまり、通常、実際の経費以上の経費が認められています。

【例】個人商店の場合

売上3000万円で実際の経費が1500万円かかった場合、一般的には残りの1500万円に税金がかかります。

ところが個人開業医の場合、**図1**から分かるとおり無条件に70％の控除が認められています。

つまり、売上3000万円の場合、仮に実際の経費が1500万円で利益1500万円であっても、3000万円×70％＝2100万円が経費として認められるのです。したがっ

図１　個人開業医の控除率一覧

控除率は、社会保険診療報酬の収入額によって決まっている。

2500万円以下	72％
2500万円超～3000万円以下	70％
3000万円超～4000万円以下	62％
4000万円超～5000万円以下	57％

て、課税所得は3000万円－2100万円＝900万円となります。

差額の600万円は税金のかからない所得となり、結果的に一般的な個人商店より手取りは多くなります。ただし、診療報酬が5000万円を超えると租税措置法は適用されません。

※自費を合わせて売上7000万円以上ある医院は、社会保険診療報酬が5000万円以下でも措置法26条は使えません。実費経費となります。

(2)医療法人について

医療法人も通常の法人税に比べると優遇されています。それは「社会保険診療報酬に対する利益に対して事業税は非課税」となるからです。

通常の法人税は約41％となりますが、医療法人は約35％です（※所得金額が800万円を超えた場合）。医療法人も通常の法人と比べると税の優遇を受けていることになります。

このように開業医は税に関しては優遇されています。

2 開業医にも悩みはある？

開業医の悩みや問題点を知ることは、ドクターマーケット攻略で重要なことです。なぜなら開業医は、悩んでいることや困っていることの解決策を知っている人を探しているからです。

我々生保営業は、すべてを解決できるわけではありませんが、悩みや問題点を知っていることは開業医と話をする時に役立ちます。また、生保営業として「解決できることは何か」を理解しておくことがドクターマーケット攻略の糸口になります。

さらに、あなたが日頃から開業医の悩みや問題を解決できる人を探して、開業医に紹介できるようになれば圧倒的優位さを持つことになります。

この章では、私の経験で知った開業医の悩みや問題点をお話しします。あなたのドクターマーケット攻略に必ずお役に立つはずです。

最近開業医から様々な問題を相談されることが増えました。その相談内容は、大きく3つに分かれます。

①患者や収入の減少に関する相談

「売上が落ちてきた。今後いったいどうすればよいのだろう?」

「診療報酬の改正が厳しく、将来が見えない。このままいくとどうなるのだろう?」

といった不安や戸惑いの相談です。

②税金に関する相談

「もの凄い利益が出て税負担が厳しい。何か良い方法はないだろうか?」

といった利益の繰り延べや税の軽減に関する相談です。つまり①とは対極の相談も増えています。

③医療法人やMS法人(メディカル・サービス法人)に関する相談

近年開業医を取り巻く環境の変化は激しく、多くの開業医が戸惑っています。

簡単に言えば、

・個人開業と医療法人のどちらが有利にお金を残せるのか?
・医療法人を作ったが、活用できていなくて、どうすればいいのか?
・MS法人を作ったが、活用できていなくて、どうすればいいのか?

等々の相談です。

そのすべてに共通していることは、正確な情報や事実を知らないまま、医師一人で悩んでいるということです。意外かもしれませんが、開業医の中には正確な情報を持っていない医師も多いのです。

この3つで私が開業医から受ける相談の90%を超えています。

一見華やかに見える開業医の世界ですが、意外に多くの悩みがあることを認識してください。そして、この開業医の悩みを話してもらえるようになったり、さらに悩みを解決することができるようになれば、あなたは一気に開業医のパートナーとなることができます。

そんなことを言うと「えぇぇ…、いきなり私にはムリ」なんて声が聞こえてきそうですが、大丈夫、安心してください。10年前の私も何も知りませんでした。そんな私でも時間をかけて勉強すればできるようになりました。あなたにも必ずできますから安心してください。

では、もっと安心できることを言いますね。それは、あなたは前記の3つの相談すべてに対処する必要はないということです。あなたは②の相談にだけ対処できるようになれば生命保険契約を増やすことができます。②の問題を解決するのは、生命保険が最適だと私は信じています。②の相談に乗って、問題解決する手段を提供すれば、それはそのまま生命保険契約につながります。

その具体的なノウハウやトークは第2章・第3章でお話しします。

3 開業医の環境変化（大きな変革の時）

今、開業医を取り巻く環境は大きく変化しています。その変化を的確に捉えることで開業医攻略の糸口を見つけることができます。

開業医に困っていることや解決したいことがあると、そこにチャンスがあります。困っていることや解決したいことを解決すると必ず喜ばれます。喜ばれると契約につながるチャンスが生まれます。いわば「正の連鎖」です。

開業医が困っていることとしては、次の2点があります。

①平成19年度第5次医療法改正
②診療報酬の改正

①平成19年4月の第5次医療法改正

この改正が開業医にもたらした衝撃は大きなものでした。

まずこの改正のポイントを見ていきましょう。

※ここでは、生保営業に関係する改正で特に必要なことだけをお話します。第5次医療法改正の全容を詳しく知りたい方は別途ご自身で勉強してください。

まず、新型医療法人（平成19年4月1日以降に設立された医療法人）解散時の残余財産の帰属先が明確化されました。旧型医療法人（平成19年3月31日以前に設立された医療法人）では医療法人の解散時にある残余財産は出資者である理事長のものとなっていました。ところが新型医療法人では解散時の残余財産は国または地方公共団体に帰属することになったのです。

つまり、医師が引退して医療法人を解散する時に、医療法人に財産が残っていた場合、旧型医療法人では、出資者である先生が残った財産をもらうことができましたが、新型医療法人では、残った財産は、国または地方公共団体のものになります。

この改正は開業医にとっては大変困ったことでした。

図2で簡単に説明しましょう。

旧型医療法人では一度退職金をもらってから、再度残余財産を受け取ることができました。なぜそのことがよかったのかと言えば、退職金に関する有利な税制があるからです。

〈退職金の有利な税制（社会通念上妥当な額の範囲内の場合）〉

・在位年数によって非課税枠がある

・分離課税である

・課税対象となるのは退職金の2分の1となる

この有利な退職金の税制を活かして退職金を受け取り、残った財産は医療法人解散時に再度受け取ることができました。

ですから結果的に手取りを多くすることができたのです。

ところが新型医療法人（**図3**）では最後が変わりました。退職金を受け取って残った財産は国または地方公共団体へ帰属することになったのです。そうなると退職金を受け取って残ったお金を医師は自分で受け取ることができなくなります。このことは繁盛して医療法人化を考え

図2　開業から医療法人の廃業までの流れ（旧型医療法人）

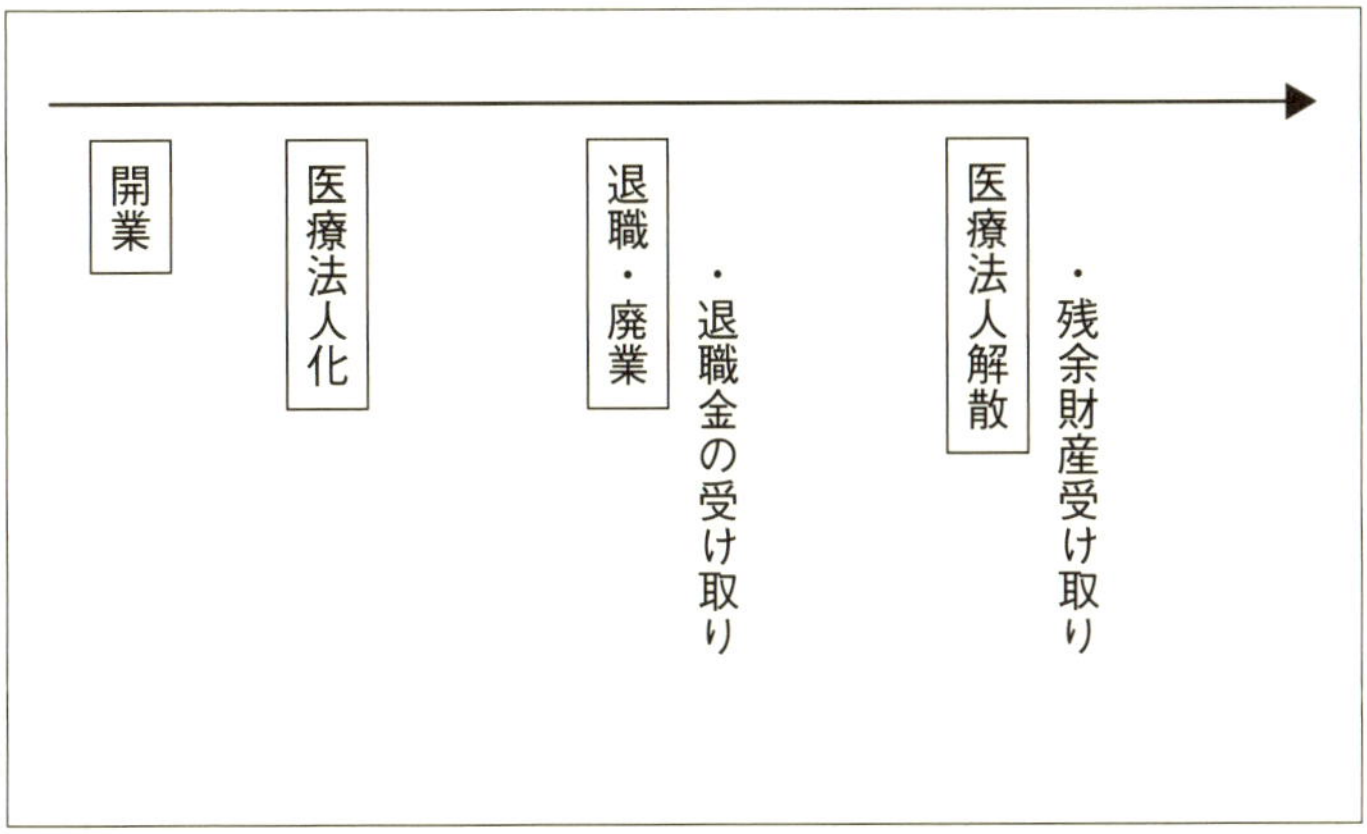

図3　開業から医療法人の廃業までの流れ（新型医療法人）

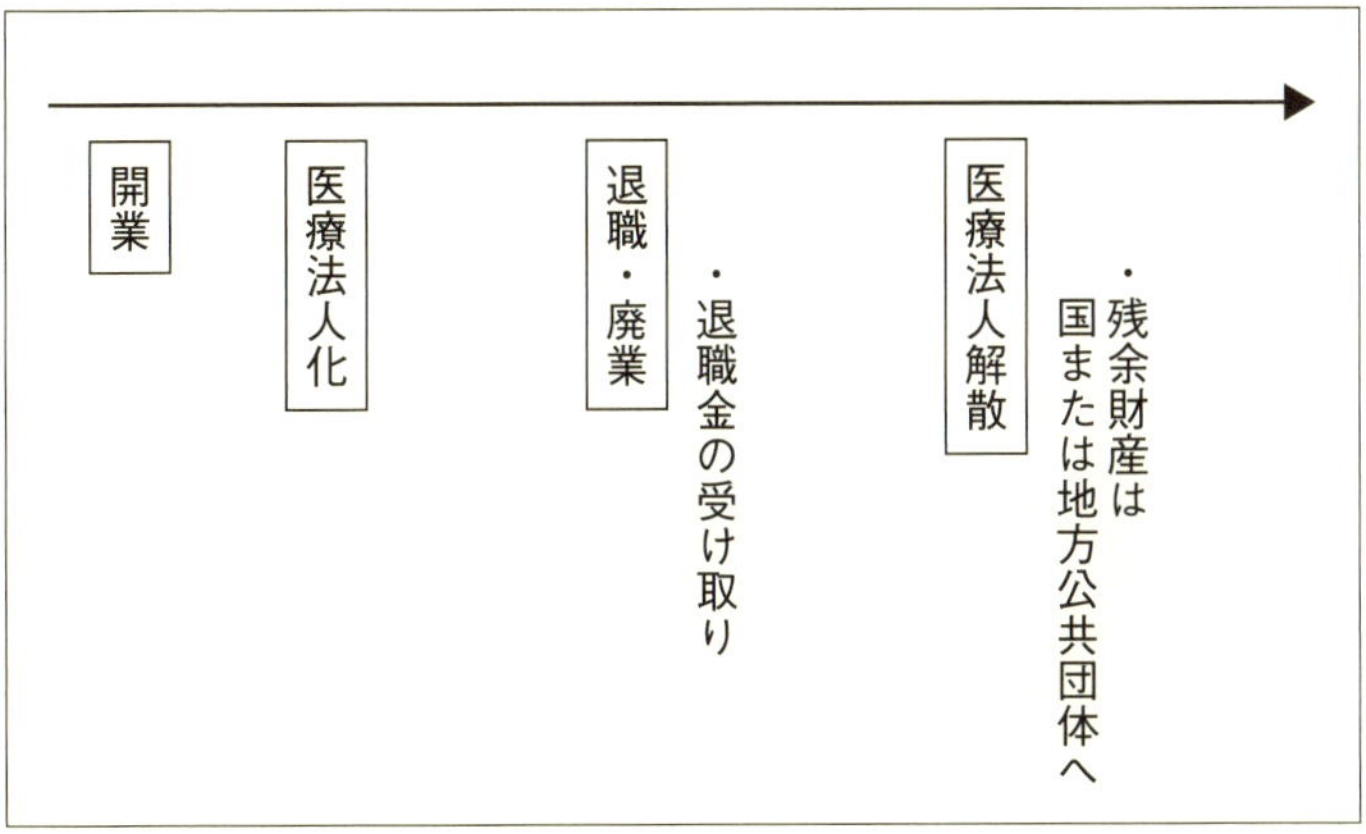

ている開業医には大きなマイナス材料となりました。

第5次医療法改正では、この改正以外にも多くの改正がありました。でも生保営業として一番知っておくべきことはこの「残余財産」の問題だと思います。

実は、平成19年度の改正の前に慌てて法人化した開業医の多くが後悔しています。その原因は、

・利益が上がっていないのにも関わらず医療法人化したので節税効果がない
・個人の確定申告に医療法人の申告が増えたので、手間と時間とコスト（税理士に払う費用も含めて）が増えた
・個人開業の時は自由にお金を使えたのに、医療法人化したらお金を自由に使えなくなった

等があります。

この後悔していること3つの中で、あなたが生保営業としてお役に立てることがあれば、あなたは開業医から必要とされる生保営業になります。そうなればシメタものです。そのためのノウハウも第2章以降でお話します。

また平成19年3月までに医療法人化しなかった開業医や、その時以降に開業したドクターが医療法人やMS法人について興味を持っています。

②診療報酬の改正による収入減

日本は世界に類を見ないスピードで超高齢化社会に突入しました。そしてさらにスピードアップしようとしています。

超高齢化社会は医療費の大幅増加を意味します。このままでは国家財政が破綻することは誰の目にも明らかです。ですから国は躍起になって診療報酬の引下げをしています。新聞記事によると診療報酬の平均点数は下がっていません。ここには巧妙なトリックがあります。それは実際に診療所で日常よくある治療の点数が下がって、めったにない治療の点数が上がっていることです。だから平均点数は下がっていないのですが、実際の開業医の収入は下がっています。

※平成21年度の国民医療費は36兆67億円、前年度の34兆8084億円に比べ1兆1983億円、3・4％の増加となっている。人口一人当たりの国民医療費は28万2400円、前年度の27万2600円に比べ3・6％増加している。（厚生労働省ＨＰより）

通常、開業医の収入は診療報酬によります。財政難の中、国はこの診療報酬を下げようとして改正に取り組んでいます。当たり前ですが、この診療報酬が下がると開業医の収入は減少します。ですから何の対策もしないでこれまでと同じことをしている開業医の収入は減ってしまいます。

4 開業医が抱えている悩み（開業後の年数によって異なる問題点）

開業医が抱えている問題は多くあります。それはおおむね開業してからの年数によって分けて考えると分かりやすいと思います。

(1)開業後すぐ（開業〜5年目）によくある悩み

・売上（患者）が増えない
・利益が出ない
・借り入れが大きく毎月の返済が苦しい
・スタッフの教育ができない

ここでの生保営業としての切り口としては、次のことが考えられます。

借入残が多くあって、収入が少ないのであれば当然資金の余裕はありません。

そんな場合に最適な保険は、

・逓減定期保険
・10年定期保険

・収入保障保険

等となります。

具体的なセールストーク等は第２章以降で詳しくお話します。ただ、将来大きな契約につながる可能性があるマーケットです。

(2)開業後しばらく（3年目~10年目）によくある問題点

この頃になると医院経営は次の２つに大きく分かれます。

①順調に売上が上がっているケース

・利益が出てきて、税金対策を知りたい
・税金が高い
・お金を有効に運用したい

②売上が上がらないケース

・患者が増えない
・借入の返済が厳しい

ここでの生保営業としての切り口は次のとおりです。

①順調に売上が上がっているケース

このケースはお金を上手く残す方法が喜ばれます。また医療法人を設立して法人契約で税軽減効果を話すことも喜ばれます。

●個人事業の医師

・年金保険
・終身保険
・ドルやユーロの保険商品

●医療法人の医師

・長期平準定期保険
・逓増定期保険
・ガン保険
・長期傷害保険

具体的なセールストーク等は第2章以降で詳しくお話します。

②売上が上がらないケース

基本的には①と同じです。ただ、このケースの場合、積極的に営業することはお勧めしません。なぜなら、まだ借入金も多く残っていますし、実際の収入が少ないので余裕はありませんし、資金的に苦しいので早期解約・早期失効の可能性が高いと思います。慎重に対応しましょう。

この場合に最適な保険は、次のものがあります。

・10年定期保険
・逓減定期保険
・収入保障保険

具体的なセールストーク等は第2章以降で詳しくお話します。

⑶安定期（8年目～20年目）によくある問題点

医院としての返済も終わり、資金繰りが良くなっています。お金の余裕も出てきています。利益の出ている医院は税の軽減にも悩んでいます。また子供の教育資金が大きな問題になっている開業医も多くいます。この頃になると開業医ごとに悩みや興味が大きく異なってきます。

例えば、

・新しい自宅を建てたい
・外車（ベンツ・BMW等）に乗りたい
・医院の改装もしたい

・老後の安定した生活のためにお金を有利に残したい
・退職金を作りたい
・医院承継を考えておきたい
・相続対策も考えておきたい
・有利な税の軽減方法を知りたい
・教育資金を貯めたい

等があります。もちろん開業医によってテーマは様々ですが、すべてお金が必要なことばかりです。

このケースではすべての保険を使って開業医のお役に立つことができます。

それぞれの状況で最適な保険を選択して提案できます。生保営業として一番楽しいマーケットであると思います。

このように開業医の悩みや問題点を知っておくことの重要性をご理解いただけたでしょうか。このことはどんなセールストークや税務の知識より重要なことであると思います。あなたがドクターマーケットで大きな成果を得ようと思うのであれば開業医のことをよく知ることから始めてください。

第2章 ドクターマーケット攻略のキモ

1 ドクターに響かない3つのトーク

「先生、保障内容の確認をしませんか?」

「先生、生命保険の見直しをしませんか?」

「先生、新しい保険が出たのですが提案だけでもさせていただけませんか?」

もしあなたが前記の3つのトークを使っているとしたらドクターマーケットで苦労しているかもしれません。今時このような3つのトークに「是非お願いします」とか「興味あります」なんて答える開業医はいないでしょう。

私も18年前に生保業界に入った時はこれらのトークを会社から教えてもらいました。その当時は十分に通用したセールストークでした。当時はインターネットもありませんでしたので、開業医は多くの情報を持っていないことから、前記の3つのトークでも十分通用したのだと思います。

また、当時私が毎回話していた「生命保険の3つの種類」の話も今は通用しません。3つの保険の種類の説明をしても「前に聞きました」「これで5回目です」等の返事が返ってくるのがオチです。

時代は大きく変化しています。その変化に対応していくことが大切です。

2 顕在化していることを話題にする

ではどのような話題が開業医の興味を引くのでしょうか。

それは「お金を有利に残す」ことです。

もし私があなたに「メッチャ有利にお金を残す方法がありますが、興味ありませんか？」と尋ねればどう答えますか。多くの場合「興味あります」と答えると思います。それは開業医も同じです。これは第1章でお話した開業医の悩みや問題を理解すればよく分かります。

個人開業医も医療法人化していても同じです。そもそも医療法人化すること自体「税の軽減効果」を考えているのです。税金が減るとお金が残ると思っているからです。多くの開業医は「お金を有利に残す」ことに興味を持っています。

具体的なトークを使っての商談の進め方は第3章以降で詳しくお話します。

3 死亡保障は売るな　その1

本項のタイトルを見て、「何を言ってるの？　おかしなこと言うね」と思ったかもしれません。私の言う「死亡保障は売るな」とは、開業医との商談でいきなり死亡保障の話から始めると多くの開業医は興味を示さないという意味です。開業医が興味を示さないと商談自体が始まりません。商談が始まらないと、契約にならないばかりではなく次回以降の訪問さえ難しくなります。

ですから「死亡保障」の話からではなく、前述の「お金を有利に残す」話から始めたほうが聞く耳を持ってもらいやすいのです。

また、当たり前のことですが、生命保険は基本的に健康な人を対象にした商品です。ですから、

「先生、もし先生に万一があったときに、大切なご家族に生活に困らないお金を残してあげたいと思いませんか？」

「先生、いつ万一があるかもしれません。だから今この機会に考えていただけませんか？」

「先生、健康な今、よく考えることが大切なんです。もしご病気にでもなれば生命保険は入りたくても入ることができなくなるんですよ」

というようなことを言っても、開業医が興味を示すわけありません。むしろ嫌われることのほうが多いように思います。

死亡保障を売るなと言っているのではありません。私も結果的に死亡保障については詳しく話をしています。そして高額の保障も販売しています。でもいきなりのタイミングで死亡保障の話をすることは、まずありません。

商談の始まりは、開業医が、

「興味あるよ」

「詳しく聞かせて」

「何それ?」

等の反応をする切り口がいいと思います。

私の経験では、「先生、保障内容の確認をしませんか?」「先生、生命保険の見直しをしませんか?」といった切り口で商談が始まったケースは皆無に近いように思います。

あなたは毎日の営業活動でどんなトークを使っていますか。お客様が開業医でなくても、

「保障内容の確認をしませんか?」

「生命保険の見直しをしませんか?」

等のトークでお客様が「お願いします」と答えるケースは皆無に近いのではないでしょうか。

4 死亡保障は売るな その2

死亡保障を売ろうとすると失敗することが多くありました。死亡保障を売ることは、今加入している生命保険を解約することが前提になっています。そうでないと二重に保険料を払うことになります。そして必要以上の保障に加入する可能性があります。

それはお客様である開業医にとって余計な負担をかけることになります。

今加入している生命保険にはそれなりの理由があって加入しています。だからそれをむやみに解約したり、払済保険に変更することには心理的にも抵抗感があります。また、解約や払済保険に変更できない理由（わけ）があることもあります。

そうなるとどんなに良い提案をしても、「解約できないから、今回は加入しない」となってしまいます。そうでなくとも、すべてのケースで死亡保障を売ろうとすると開業医は拒否反応を示します。

ですから私は一番顕在化しているニーズである「お金を残す」ことから始めるのです。

5 死亡保障は売るな　その3

実は、個人開業医は死亡保障の保険については安く加入できるものがあります。それは開業医が加入している団体にある保険です。開業医が加入できる団体は次のようなものがあります。

※大阪府の場合です。他の都道府県でも大きく変わることはないと思います。

- 医師会　（医師共同組合）
- 歯科医師会

・保険医協会
・保険医共同組合（県によってはない県もあります）

各団体にはグループ保険（団体定期保険）があります。団体ごとの保障額の上限は、

・医師会（医師共同組合）　1億円
・歯科医師会　1億円
・保険医協会　5000万円（医師・歯科医）
・保険医共同組合　4000万円（医師・歯科医）

したがって医師が加入できる上限は1億9000万円となります。
加入に当たっては簡単な告知があります。告知は次の3項目です。

①現在、正常に就業しています。
②過去1年以内に、病気やけがで手術を受けたこと、または継続して2週間以上の入院をしたことはありません。
③また、過去1年以内に病気やけがで2週間以上にわたり医師の治療・投薬を受けたことはあ

りません。

こんな簡単な告知で1億9000万円まで生命保険に加入できることを理解しておくことが大切です。

このことを知っていると、開業医の健康状態によっては生命保険会社で加入できない時などに、このグループ保険を紹介するともの凄く喜ばれます。特別条件や謝絶で契約をいただいた時でもケースによっては加入できることがあります。

そのことで大きな信頼を得ることができます。

6 隠れたニーズは引き出すな

本項のタイトルも、お叱りを受けるかもしれません。

「えぇ～、それって一番大切なことじゃないの?」「私はいつもそのためにいろいろと苦労しているんだけど」…そんな声が聞こえてきそうです。

私の答えは、「そうです。一番大切なことです」「そうです。とっても苦労することです」。

そんな難しいことを最初からやろうとするから苦労するんです。

「隠れたニーズ」とは言い換えると「本音」のことです。あなたは、1～2回出会っただけの営業マンに「本音」を話しますか。私なら話しません。

あなたは、開業医が「本音」を他人である生保営業に簡単に話すと思いますか。それはムリです。開業医の「本音」を話してもらえるようになるには時間がかかります。

私もドクターマーケットにチャレンジを始めたころは「隠れたニーズ」を引き出そうとして本当に苦労しましたし、そしてほとんど毎回失敗していました。

私の場合、開業医との商談の1回目や2回目で何とかいろいろと聞き出そうとして、

「先生はご家族に対して、どのようなお考えをお持ちですか？」

「先生、医院承継についてどのようにお考えですか？」

なんて尋ねても、

「まあそうだね。いきなり言われても…」

「今そこまで考えてないよ…」

などとはぐらかされて、求めている答えを引き出すことはできませんでした。そのことは今でも同じです。開業医はそんな簡単には「本音」を話しません。

ですから、私は開業医が興味を持っている「顕在化したニーズ」を切り口に商談を始めるようにしています。そのほうが会話も弾みますし、短時間で仲良くなれるからです。

7 隠れたニーズは「仲良くなってから」出てくる

では、どのようにして「隠れたニーズ」である「本音」を引き出せばよいのでしょうか。
それは、「仲良く」なってからです。

開業医と仲良くなってからであれば自然な形で聞き出すことができます。そのためには何度も会うことが必要です。開業医に嫌われたら何度も会うことはできません。だから嫌われないことが大切です。そのために大切なことは「じっくり聞く」ことしかありません。

多くの生保営業が勘違いしていることは、開業医と商談したら「うまく説明しないといけない」と思っていることです。私は、商品説明は最後の最後にするだけで、商談の始まりから終盤まで「じっくり聞く」ことに徹しています。そして聞きながら確認をします。

じっくり聞くと面白いことが聞けます。

ここがキモ

開業医から聞くことは答えやすいことから順に聞いていきます。

具体的には、「はい」「いいえ」で簡単に答えられることから順に質問し、徐々に考えないと答えられない質問へと変えていきます。例えば、

第1ステップは、
・お金を有利に残す方法に興味ありますか?
・お子様の教育について、医学部をお考えですか?
・お金の心配をしないで過ごす老後の準備はされましたか?
第2ステップは、
・何歳まで現役を続けたいとお考えですか?
・お子様の教育資金はどのように準備されていますか?
・老後の生活資金はいくらあればご安心ですか?
・毎月貯蓄はされていますか?
第3ステップは、
・決算書（確定申告書）について詳しくご存知ですか?
・この税金の中身をご存知ですか?
・将来の夢や希望はどんなことですか?
・先生が将来やりたいことはありますか?
私の場合、毎回違うことを話していますので、大まかな例としてお考えください。

8 私が聞いた不平や不満

私がドクターマーケットにチャレンジした最初の頃にお聞きしたことで多かったのは、生保営業に対する不平や不満です。

「だいたい君たち保険屋さんは入る時だけ一生懸命来るけれど、入ったらほとんど来ないじゃないか」

「この前も用があって連絡したら連絡もなしに辞めていて、次の担当者も決まっていないじゃないか」

「加入内容を教えてもらおうとして連絡したら、いきなり新しい良い保険が出たので切り替えませんかなんて言ってくる。今までの保険はどうでもよくなったのか」

「だいたい私は保険がきらいなんだ」

書ききれないのでこのくらいにしますが、いっぱい不平や不満を聞きました。当初はそれがイヤで仕方なかったのですが、私はある言葉に救われました。

――人は期待しない人に不満を言わない――

そうか、先生は私に期待しているんだ。勝手にそう思うことにしました。それからは私の気持ちは大きく変わりました。よく聞くと確かに先生の言っていることはすべて事実です。もっともなことです。そう思うようになりました。

　すると私の言葉が変わりました。

「確かに先生のおっしゃるとおりです。それはお困りですね。ご迷惑をおかけしました。同じ業界の人間としてお詫びします。申し訳ありませんでした」

　こう言って深々と頭を下げました。

　すると先生も大きく変わりました。

「あっ、ごめん。私は牧野さんのことを言っているのではありません。今までがそうだったと言っているのです」

「いいえ、先生のご不満はごもっともです。本当に申し訳なかったですね。せっかく生命保険に加入していただいたのに私としては残念です」

「よかったら、一度牧野さんの話を聞かせてくれませんか」

　このような会話になっていきました。面白いと思いませんか。

　開業医の不平や不満をすべて聞いて受け入れると、一瞬で仲良くなれます。でも通常一回目の訪問でここまでの関係になることは稀です。何度も訪問している間に開業医の「本音」の不平や不満を聞くことができます。その時にすべて受け入れることができれば仲良くなれます。

　その後に「隠れたニーズ」をじっくり聞けばいいのです。

9 隠れたニーズは「契約してから」出てくる

「えぇ～、契約の前に隠れたニーズを聞く必要があるのでは…」

そう思ったかもしれません。確かにそうなのですが、私が実践して成功していることは、「顕在化しているニーズを捕らえて、何でもいいからまずは契約する」ことです。

そのための商品として具体的には、

・ガン保険（掛け捨ての保障タイプ）

・年金保険

等があります。

ガン保険は、保険料も安いですし、気軽に加入できます。

年金保険は、貯蓄としてお話できます。老後の準備として説明すると意外に簡単に契約になります。

詳細なトーク等は次章でお話しますが、ここではその後の対応の仕方を述べておきます。

どんな保険でもいったん契約をいただくと私は「担当者」です。そこで医院に電話しても、「先生の保険を担当している○○生命の牧野です」と堂々と電話できます。すると100％受付を突破。簡単に先生とつなげてもらうことができるのです。

また、開業医が保険の見直しをしようとした時にも連絡が入ります。

「牧野さん、一度話を聞かせてください」

当然、簡単に「隠れたニーズ」を聞くことができます。たった1件、月払い5000円のガン保険の契約をいただいている開業医から見直しの連絡をいただき、年払い300万円や500万円の契約をいただいたこともあります。

「顕在化しているニーズを捕らえて何でもいいからまずは契約をする」ことの意味がお分かりいただけたでしょうか？

10 最後にはすべて提案をする

ここまでは「聞く」ことばかりをお話してきましたが、それだけでは大きな契約には至りません。大きな契約をいただくには大きな提案をする必要があります。

じっくり相手の話を聞くことができれば開業医の「本音」はほぼ分かってきます。「本音」が分かれば設計は簡単です。後は開業医の希望どおりの提案をするだけです。

「先生、本日はありがとうございました。お陰さまで先生のご要望や不安を聞かせていただきました。感謝いたします」

「先生のご要望をすべて叶えるプランがあるのですが、興味ありますか？」

「先生が不安に思っていることをすべて解決するプランがありますが、興味ありますか？」

「先生が困っていることをすべて解決するプランがありますが、興味ありますか？」と尋ねます。すると、ほぼ全員が「興味あります」と答えます。

「では、次回プランを作って持ってきます。1時間ほどお時間を取ってくださいね」と話しますと、多くの場合、「分かりました」となるのは自然な流れです。

もしかしたら勘の良いあなたは感じているかもしれませんが、この段階まで来れば、ほぼ100％契約できます。後は開業医から聞いたことに沿って忠実に保険を設計するだけです。

この章で私があなたに伝えたいことが伝わったでしょうか。私は自分自身が間違った「保険営業の常識」で営業活動をして苦しみました。20年間かかってやっと分かったことをあなたに伝えたいと思います。ほんのちょっと目線を変えたり、切り口を変えるだけで気持ちが楽になって営業活動が楽しくなります。

お陰さまで今の私は毎日楽しく開業医と面談しています。あなたにも1日も早くそうなってほしいと願っています。

第3章 個人開業医を攻略する

1 個人開業医には顕在化したニーズがある

私が今まで商談してきた開業医の多くには共通した明確で強いニーズがあります。それは、「お金を有利に残したい」ということです。もともとこのことは開業医に限らないことかもしれませんが、開業医は特にお金を残すことに関して大きな興味を持っているように思います。

そこにはいくつかの理由があるようです。

①子供を医学部や歯学部に進学させるため

医学部や歯学部に進学するには多額のお金が必要となります。国立大学や公立大学ならそんなに多くのお金が必要ではありませんが、私立大学ともなれば大学の6年間だけで5000万円以上必要になるとも言われています。

②開業時に大きな借入をしているため

多くの開業医は通常5000万円から1億円近い借入をして開業します。その返済が毎月多額になります。返済に回せるお金は税引後のお金です。そのためにお金を残す必要があります。

③「働けなくなった時の不安」や「将来への不安」が大きいため

一見裕福に見える開業医ですが、実は開業医が働けなくなれば翌日からの収入は「ゼロ」となります。前述①②のことを考えると働けなくなった時に対しては大きな不安を持っています。

また、老後についても不安に思っています。年金については自営業なので、国民年金となります。ですから老後の不安が大きいようです。そのために医師年金や保険医年金に加入していていますし、年金保険等にも加入して「不安な気持ち」から逃れたいと考えているように思います。

2 個人開業医の心を一発でつかむトーク

まず最初に私が実践しているトークについてお話します。

●トーク例①

牧野「私がお付き合いしている先生方は結構稼いでいらっしゃるのですが『意外に残らない』とおっしゃる方が多いです。先生はいかがですか?」

医師「私も残らないよ」

牧野「もしよかったら、良い方法がありますが興味ありますか?」

医師「興味あるよ」

牧野「では30分ほどお時間をください」

医師「分かりました」

●トーク例②

牧野「先生、開業医専門でお手伝いしている方から正しい財産の残し方について、勉強してきたのですが、それがなかなか凄いんです。先生はご興味ありますか？」

医師「興味あるよ」

牧野「もし、お時間を30分いただけるのなら分かりやすい資料でお話ししますが、いかがされますか？」

医師「分かりました。時間を作ります」

私の経験では10人の先生にこのトークを使うと2～3人の先生が「興味あるよ」とか「時間を作ります」と答えました。この確率はもの凄く高いと思います。

一般的に「保険の見直し」等で訪問すると100人に1人興味を示せばよいほうでしょう。それと比べると20～30倍の確率です。この切り口を使い出してからの私と以前の私では開業医を訪問して提案に至る確率は20倍以上になりました。

それくらいインパクトのある切り口です。

3 実際の成功例　その1

紹介で、お目にかかった開業医（耳鼻咽喉科）のケースです。その医師は、43歳の男性で、息子さんが2人おり、開業6年目を迎えています。

「話を聞いて気に入らなかったり、分からなかったら断っていいよ。でも役に立つと思うから聞いてみたら」

そんな言葉で紹介されていたようです。

アポイントはスムーズに取れました。電話での会話です。

牧野「○○先生、はじめまして。ウイッシュアップの牧野克彦といいます。この度は□□先生のご紹介でお電話させていただきました」

医師「ああ、聞いていますよ。それと牧野さんから事前にハガキをいただいていました。ご丁寧にありがとうございます」

牧野「こちらこそありがとうございます。では先生、早速ですが、一度お目にかかりたいのですが、○月○日の午後と△日の午後ではどちらがよろしいでしょうか？」

医師「では○日の午後2時でお願いします」

牧野「はい、ありがとうございます」

ここがキモ
まずはアポイントを取ることを優先しましょう。その後に聞きたいことやお願いを話しましょう。

その後の電話での会話です。

牧野「では先生、少しお聞きしてよろしいですか？」
医師「はい、何ですか？」
牧野「先生は今回なぜ、私に会いたいと思われたのですか？」
医師「それはお目にかかった時でもいいですか？」
牧野「はい、それで結構です。では○月○日午後2時に伺います」
医師「では、お待ちしております」

ここがキモ
気軽に答えてくれる時には、何を聞いても大丈夫ですが、答えにくそうだと感じたら、必要以上に聞かずに引き下がりましょう。

さて、アポイントにより1回目の訪問です。

牧野「先生、今日は何がお役に立てるのか分からなくて参りました。どんなことをお話すればよろしいでしょうか？」

医師「実は紹介者から何でも聞いていいよ、と言われているのですが、本当に何を聞いてもいいんですか？」

牧野「はい、何でもお聞きください。でも私は何でも知っているわけではありませんので、分からないことや知らないことは正直に言いますから」

医師「そんな難しいことではないのです。実は今、借入があってそのことなんです…」

こんな感じで始まりました。通常は最初からこんなに気軽に話していただけることはないのですが、紹介者の良い影響があるようです。

牧野「何の借入ですか？」

医師「医院を建て替えた時の借入が、5000万円ほどあります」

牧野「対策はしていないのですか？」

医師「今、○○生命から提案されているのですが、それがよいのかどうか分からなくて困っているんですよ」

牧野「なるほど、それで生命保険を活用して何とかしようと考えているわけですね。ではまず保障の額の決め方についてお話してもよろしいでしょうか?」

医師「はい、お願いします」

牧野「要素は主に3つです」

●ここでのポイント

・お子様の教育費

・奥様の生活費（今と老後）

・借入の返済

医師「なるほど、そんなこと考えてもいませんでした。では具体的にどうすればいいですか?」

牧野「はい、では私の質問にお答えください」

医師「今もらっている提案は見ないのですか?」

牧野「はい、今の時点では不要です。拝見してもその提案が良いのかどうか、判断できませんから」

医師「なるほど、よく分かりました」

ここがキモ

聞くべきことはハッキリと聞きましょう。
この時に遠慮して聞くべきことを聞かないと開業医の役に立つ設計ができません。
ここで聞くべきことは、次のようなものとなります。
・借入額と毎月の返済額・返済期間・金利
・お子様の教育についての考え
・毎月の生活費
・退職時期についての考え
・老後の生活について
・医師会や保険医協会のグループ保険や年金の加入状況
・一般の生命保険の加入状況
・預貯金の額
・その他、金融資産について
・売上と申告所得（直近3年間）

牧野　「ありがとうございました。お陰さまで先生に今必要な額が見えてきました」
医師　「いくらでしょうか？」
牧野　「先生、それは次回訪問時にハッキリとご説明いたします」

その時に分かったのは、
・離婚していて、今は独身であること
・借入は、お子様には残したくないこと
・そのために保険加入を考えていること
・借入対策以外の大きな保障は考えていないこと
・診療報酬５０００万円弱
等々ということです。

牧野　「先生は老後のことや退職後についてはどのように考えているのですか？　良かったら教えていただけませんか？」
医師　「子どもの世話にならなくても良いようにと考えています」
牧野　「具体的には何か準備をしていますか？」
医師　「医師年金、小規模共済、郵貯等をしていますが、やっぱり十分な準備ではないと考えています」

牧野　「なるほど、よく分かりました。ではどうなればご安心だと思われますか？」

医師　「キリがないのですが、もう少し準備できればと考えています」

牧野　「分かりました。では先生、最初にお話された死亡保障と老後の貯蓄のバランスですが、今はどちらを優先させたいですか？」

医師　「今は死亡保障を優先して考えたいと思っています」

牧野　「なるほど、よく分かりました。先生に質問なのですが、もし死亡保障と老後の貯蓄が同時にできるプランがあればお聞きになりたいですか？」

医師　「そんな方法があるのですか？　あれば聞きたいです」

牧野　「ありがとうございます。でもね先生、その方法は少し高いんですよ。先生、老後の貯蓄に保障がついてくのであれば、毎月いくらまで頑張りますか？」

医師　「それなら毎月20万円までなら大丈夫です。でも貯蓄も兼ねるということですが、払ったお金は全額戻ってくるのですか？」

牧野　「はい、解約する時期によって変わりますが、１００％以上戻ってきます。そのことは次回丁寧に説明させていただきます」

医師　「はい、お願いします」

牧野　「先生、最後にお聞きしたいことがあります。もし私が作ったプランにご納得いただけた場合、前向きに考えていただけますか？」

医師「いきなりですね」

牧野「はい、あくまでもご納得の場合だけです。ご納得いただけない場合はお断りいただきたいのですがよろしいですか？」

医師「分かりました」

もうお分かりですね。この時点で契約なんです。このような形で1回目の面談でここまで進みました。

> **ここがキモ**
> ハッキリ聞いて、ハッキリ話して、ダメだったら仕方がない。そう思って商談しましょう。

ホントに毎回そんなにうまくいくの？　と思うでしょう。実はこの時は、本当にうまくいったのです。もちろん毎回ではありませんが、ここまで話ができると50％以上の確率で契約になります。この時の提案は終身保険1億円でした。

・低解約金特則付終身保険

・月払い　35万円
・60歳払込済

☞ここがキモ
月払いのほうが始めやすいようです。個人の場合は特に月払いで提案されることをお勧めします。

4 実際の成功例　その2

次に、年金保険の提案をした時の例です。

牧野「私がお付き合いしている先生方は結構稼いでいらっしゃるのですが『意外に残らない』とおっしゃる方が多いんです。先生はいかがですか?」
医師「私も残らないよ」
牧野「もしよかったら、良い方法があるのですが興味ありますか?」
医師「興味あるよ」
牧野「では30分ほどお時間をください」

医師　「分かりました」

この会話から契約につながった事例です。

ご夫婦共に開業医で、ご夫婦それぞれから2件の契約をいただきました。

・ご主人（内科医）月払い20万円

・奥様（内科医）月払い22万円

実はこのご夫婦は毎月大きな貯蓄をされていました。

・医師年金

・保険医年金

・生命保険

・その他投資

これだけを見ると、夫婦2人で70歳時点で1億3000万円は残る計算になりました。ところがこれだけ残していても「思うように残らない」と思っています。

牧野　「先生、結構残されていると思うのですが」

医師　「そうですか？　私は将来の不安があって少しでも多く残したいと思います」

牧野　「どのような不安でしょうか？」

医師「確かに今は働いているので収入はあります。でも病気や事故で働けなくなったら翌日から収入は止まります。だから元気に働けるうちに残しておきたいと思っています」

牧野「なるほど、よく分かりました。では先生、老後についてはどのように考えていますか?」

医師「やっぱり不安です。実際に何歳まで生きるか分からないし、年いってからお金がないのはみじめですから、多く残しておきたいと思います」

牧野「ところで先生は何歳まで現役で働きたいとお考えですか?」

医師「そうですね、私は70歳で辞めたいと考えています」

牧野「70歳以降毎月いくらあれば安心ですか?」

医師「そうですね、毎月60万円から70万円あれば安心ですね」

牧野「年間約800万円です。先生が70歳の時には奥様は何歳ですか?」

医師「妻は66歳です」

牧野「はい、ありがとうございます。では女性の平均寿命が86歳ですから、先生がご勇退後約20年間ということになりますね。そうしますと、800万円×20年間で1億6000万円あれば不安はありませんね」

医師「いいえ、今の話はあくまでも平均寿命での計算ですからそれでは困ります」

牧野「そうなんですね。ではいくら準備しましょう?」

医師「2億円ですね」

牧野「なるほど、では7000万円不足しますね」

医師「牧野さんの話は分かりやすいですね。そんな簡単な計算でいいのですか？　私が今まで話した保険の営業の方はパソコンでややこしいことしていましたよ」

牧野「そうですか？　では先生、私の話で納得できないところはありましたでしょうか？」

医師「いいえ、特にありません。分かりやすくてスッキリと納得できました」

牧野「特に問題ないですね？」

医師「はい、ありません」

このように会話が進みました。

ここがキモ
開業医の話すことは一切否定せずに、話しましょう。毎回笑顔でうなずきながら次の質問をしましょう。たいていの場合、何か糸口が見えてきます。その糸口が見えるまでは淡々と質問をしながら開業医の考えをまとめてあげましょう。

先生や奥様とお話しているうちに、「6月に積立の終了するお金があるから全額預けます」と言ってくださいました。つまりご夫婦で月払い20万円をすることが決まってからプランを考えました。ねえ、ラッキーでしょう。

☞ここがキモ

ではなぜそんなラッキーが起こったのかを話します。私はいきなり保険商品の説明をしていません。むしろ何もしていません。ただ開業医の悩みや不安、そして夢や希望を聞くことから始めています。この時に私がお聞きしたことは「ご夫婦の今後のライフプラン」についてです。

この時に私がお聞きしたことは具体的には次のようなことです。

・何歳で辞めるつもりか
・今と同じ収入は何歳まで稼げると思うか
・いつ辞めても困らないお金を持って働く、そんな人生をどう思うか
・その時には月にいくらあれば安心か
・お子様は今後どうされるのか
・将来やりたいことはどんなことか
・今お金を使ってでもやりたいことはあるか

2時間以上かけてじっくりとご夫婦の希望をお聞きしました。

さて、その後の会話です。

牧野「今お聞きしたことがすべて叶うプランがあれば採用しますか?」
医師「もちろんすぐに採用します」
牧野「では次回プランを作ってきます。いつがいいですか?」
医師「なるべく早くお願いします」
牧野「では○月○日ではいかがですか?」
医師「はい、それでお願いします」
牧野「先生、予算が明確にならないとプランは作れません。毎月いくら頑張りますか?」
医師「6月に積立の終了するお金があるから全額預けます」
牧野「それはいくらですか?」
医師「夫婦とも毎月20万円です」
牧野「分かりました。そこでひとつ先生に確認があるのですがよろしいでしょうか?」
医師「なんでしょうか?」
牧野「それは、私の提案するプランが気に入ったら必ず実行されますか?」
医師「えぇ…」
牧野「先生、私は無理にとは言ってないですからどちらでもいいですよ」

医師「分かりました。牧野さんの言うとおりにします」
牧野「ありがとうございます。では○月○日に伺います」

もうお分かりだと思いますが、この時点で契約確定のようなものです。

ここがキモ
繰り返しになりますが大切なことですから、何度でも言います。
・保険商品の説明は一切していません
・一生懸命に開業医の不安や夢をお聞きしました
・「本音」を話してくれるまでお聞きしました
・この時に開業医が何を言っても、笑顔で「なるほど、そう思っているのですね」とうなずきます
・最後に「今お聞きしたことがすべて叶うプランがあれば採用しますか？」と確認する
この5つのポイントを心がければ、いつの間にか開業医とうまく自然に会話ができるようになります。

このケースでは次回の訪問時に丁寧に保険商品の説明をしました。この時にはどれだけ説明

しても開業医は耳を傾けてくれます。なぜなら、
・自分の夢を叶える話だから
・その夢を叶える具体的な方法だから
・気にいったら買おうとしているから
ですからクロージングは不要です。ただしプレゼンの前に必ずお話することがあります。

牧野「先生、これから私がする説明で一箇所でも分からないところがあったり、ご納得できない点がありましたら、契約しないでください」
医師「それでいいの？」
牧野「はい、もちろんです。先生にとって最適かどうかということでご判断ください」
医師「そう言ってもらえると安心ですね」
牧野「ありがとうございます。私もお話しやすいです」

この言葉でプレゼンテーションが始まります。この言葉で開業医はもの凄く安心します。

ですから、

「加入しなくてはいけないかな」

「断りにくいなあ」

「紹介者に言いにくいなあ」

そんなプレッシャーを与えることなくプレゼンテーションができます。余計なプレッシャーがないと開業医はゆっくり聞くことができます。だから正しい判断ができます。結果的に成約率が上がっていきます。

ただし、その言葉を伝えるには生保営業に覚悟が必要です。それは、「開業医にとって最適な提案ができないと、断られる」ということです。

だからこそ、提案の前に「じっくりと聞く」ことが大切なんです。

5 医療法人化への提案

医療法人からの契約は大きな額になります。私は開業医と商談して、一定の条件を満たす開業医には医療法人化の説明をしています。この時には、医療法人化を勧めるのではなく、あくまでも説明するだけです。

医療法人化した場合には、結果的に大きな契約になっています。私の経験上、医療法人化に適した開業医の条件は、

・診療報酬が7000万円以上
・院長の所得が3000万円以上

・専従者の所得が６００万円以上
・今後診療報酬の伸びが見込める
・院長が自身の退職時期をある程度決めている
・後継者がいる
・税の軽減や退職金に興味を持っている
・退職までの期間が10年以上ある

などがあります。

逆に医療法人化に向かない開業医の条件は、次のようなものです。

・診療報酬が５０００万円以下（租税措置法26条の適用）
・院長の所得が１８００万円以下
・診療報酬が減少傾向になっている
・院長が生涯現役を希望している
・後継者がいない
・税の軽減や退職金に興味がない

6 実際の成功例　その3

紹介で訪問した開業医との商談です。初めてお目にかかってから3回目の面談です。開業医のほうから相談がありました。

医者「牧野さん、うちの病院はいつ医療法人化したらいいのでしょうか？　前回牧野さんがお話していた医療法人のメリットについて具体的に相談したいのです」

牧野「はい、ありがとうございます。では先生はなぜ医療法人化を考えておられるのですか？」

医師「それは牧野さんが前回診療報酬が7000万円以上あれば医療法人化をしたほうがお金が残るかもしれないと言っていたからですよ」

牧野「ありがとうございます。ただ私の言葉が足りないようでした。7000万円というのはあくまでも目安で、実際には前回お話したように確定申告書を拝見したり、先生の将来ビジョンを聞いた上でないと分からないのです」

医師「そうですね。だから今日は確定申告書を3期分準備しました」

牧野「ありがとうございます。では拝見します」

確定申告書の内容は、

・診療報酬　1億2000万円
・課税所得　5500万円
・専従者給与　840万円
となっていて、直近3年間は安定していました。

牧野「先生、凄いですね。非常に利益が出ていますね」

医師「実は、3年前から急に患者さんが増えて売上と利益が上がってきたんです。だから税金もものの凄くて何とかならないのかなあ…そう思っていたんです。そうしたら牧野さんが医療法人の話をするものだから急に興味が湧いてきたんです。どうですか、医療法人にしたほうが有利ですか？」

牧野「今、個人では確定申告書に記載されている『課税される所得金額』の1800万円を超える所得は50％の税率になっています。さらに4000万円超については55％となっております。つまり（5500万円－4000万円）＝1500万円が55％の税率。（4000万円－1800万円）＝2200万円が50％の税率となります」

医師「なるほど、初めて分かりました。牧野さんの説明は理解しやすいですね」

牧野「ありがとうございます。だからこの3700万円の一部を医療法人に移すことになります。医療法人の税率は所得が800万円以下は約21％、800万円超は約35％となっています（平成23年3月現在）。個人から医療法人へ移した所得に応じて税額が少なくなります」

医師　「よく理解できました」

牧野　「正確に判断するために、必要なことだけお聞きしますが、正直なところ毎月手取りでいくらあれば不自由なく暮らせますか？」

医師　「どういうことですか？」

牧野　「医療法人化して利益の繰り延べをするためには、今取っている所得の一部を医療法人に残す必要があります。だから先生個人の所得は下がります。その下げた所得が医療法人に利益として残ります。その額に応じて効果が上がります」

医師　「なるほど、では大きく下げればいいのですね？」

牧野　「いいえ、違います。それは医療法人化した先生が一番犯しやすい失敗です。それは税額だけにフォーカスしています。確かに税金は下がりますが、その分、先生の手取りも下がります。結果的に窮屈な暮らしになってしまいます」

医師　「なるほど、それはイヤですよ」

牧野　「だから、毎月手取りでいくら欲しいかを決めてから、その手取りになるように理事長報酬を決めることが大切です」

医師　「初めて聞きましたが、そのとおりですね」

牧野「ありがとうございます。ではおいくらにしましょうか？」

医師「それは少し待ってください。妻と相談して決めたいと思います」

牧野「そうですね。是非そうしてください」

ここがキモ

情報提供を正確にして、判断を開業医に託します。開業医の方は数字には強い方が多いように思います。理解すると自分で判断します。自分で判断して決めたことは守ります。

さて、次の面談の時です。

牧野「先生、ご希望の手取りは決まりましたか？」

医師「はい、決めました。毎月妻と2人で合計○○万円欲しいです」

ここで税理士に確認します。

牧野「分かりました。では先生の理事長報酬は300万円。奥様の理事報酬は80万円にしましょう」

医師「意外に税金って高いんですね」

牧野「はい、そうなんです。先生は今まではもっと多くの税金を払っていたんですよ」

医師「そうなんですね。驚きました」

牧野「そうしますと、医療法人に残る利益は毎月約100万円となります。前回お話したように、それだけで個人での税額と比べて年間380万円少なくなります」

医師「それは凄いですね」

牧野「さらに医療法人に移した所得から損金になる生命保険に加入すると、その額に応じて税の繰り延べができます。具体的には年間500万円保険料を支払いますと、税の軽減効果は175万円となります。また、このタイプの生命保険には解約返戻金がありま す。この解約返戻金をうまく活用しますと、もし医療法人が赤字になった時には、赤字を補填したり、急に資金が必要になった時にはキャッシュを借入したりできます」

医師「そんなことができるのですか？」

牧野「はい、生命保険の本来の役割は保障です。そのことが一番重要な役割であることは間違いありません。でも付帯する機能としていろいろな機能があります。それは保険会社が作っているパンフレットがありますからご説明いたします」

☞ここがキモ
説明は正確に正しくしましょう。一部の機能を誇大に説明したり、開業医が誤解を招くような説明は決してしてはいけません。そのことは結果的に開業医に迷惑をかけるだけではなく、保険業法違反にもなります。生命保険外務員として正しい姿勢を貫きましょう。

牧野「では先生、医療法人化のデメリットについても説明させてください」

医師「はい、よろしくおねがいします」

☞ここがキモ
医療法人化にはデメリットもあります。丁寧に正確に説明しましょう。詳細は第4章で詳しく説明します。

結果としてこの開業医は翌年7月に医療法人化しました。その際に契約をいただきました。

●契約1（医療法人化して翌月）
ガン保険終身払込／月払い　40万円

●契約2（医療法人化した最初の決算月）
逓増定期保険／年払い　800万円

いかがでしょうか？

利益の出ている開業医は医療法人化の説明をすることもよい方法です。個人契約では、こんな大きな契約にならないと思います。

医療法人の知識があると開業医を惹きつけることができます。あなたも医療法人の知識を身につけて大きな契約を目指しましょう。

なお、医療法人についての知識は第4章で詳しくお話しします。

第4章 医療法人を攻略する

1 医療法人には共通点と顕在化したニーズがある

医療法人にはビッグチャンスがあります。

今すぐチャレンジすればビッグチャンスがあなたを待っています。

医療法人に保険営業はほとんど来ていません。確かに医療法人では何かしらの保険には加入していますが、恐るるに足りません。また税理士は時々生命保険を販売していますが、彼らの提案は「節税」だけの場合がほとんどです。税理士も恐るるに足りません。今こそチャレンジしましょう。

本書で対象としている医療法人には分かりやすい共通点と顕在化したニーズがあります。

《共通点》

「利益が出ている」

「儲かっている」

《ニーズ》

「税金の軽減対策をしたい」

「お金を有利に残したい」

「退職金の準備をしたい」

一般的に医療法人は「税の軽減効果」を狙って設立することが多いようです。つまり儲かっているのです。だから我々保険営業にとっては最高のお客様であると言えます。

多くの保険営業は医療法人から契約をいただきたいと思っていますが、実際にはなかなか訪問することができません。それは知識がなかったり、敷居が高いと勝手に思い込んでいるからです。また、中には「すでに税理士が生命保険の面倒も見ているに違いない」と考えている保険営業もいるようです。

でもそれはすべて間違いです。決して敷居が高いこともありませんし、また税理士が保険も提案して契約していることも少ないのが現状です。

要は保険営業の「知識不足」と「勇気がないこと」が原因だと思います。

2 医療法人に生命保険を販売するために必要な知識

(1)「新型医療法人」と「旧型医療法人」の違い

第1章でも触れましたが、大切なことですから再度説明します。

第5次医療法の改正（平成19年4月1日）以前に設立された「旧型医療法人」と、その日以降に設立された「新型医療法人」では残余財産の処理方法が変わりました。ところが多くの開業医はこのことについて正確に理解していません。開業医が正確に理解していないということを理解してください。

(2) 旧型医療法人「持分の定めのある社団医療法人」の特徴

・社員退社時の持分払戻請求権がある

社員（出資者のこと）資格を喪失した者は、その出資額に応じて払戻を請求することができる権利を持っています。

例えば、A先生とB先生が５００万円ずつ出資して出資金１０００万円でC医療法人を設立した場合、A先生とB先生が医療法では社員となります。

その後順調に患者が増えて10年後に資産が４億円になりました。その時にB先生が辞めて新たに自分で別の医療法人を設立することになりました。

このケースではB先生は設立の時に出資金１０００万円の50％にあたる５００万円を出資しているのでB先生のC医療法人の資産に対する権利は50％の２億円となります。B先生には２億円を要求する権利があります。この権利のことを「社員退社時の持分払戻請求権」と言います。

・解散時の残余財産分配請求権がある
これは、D先生が一人で1000万円を出資してE医療法人を設立した場合です（多くの場合はこのケースとなります）。

20年後、D先生が退職して一旦退職金を受け取りました。その後E医療法人を解散することになった場合、E医療法人に財産が残っていると、D先生は残余財産を全額受け取ることができる権利があります。この権利のことを「解散時の残余財産分配請求権」といいます。

(3)新型医療法人「持分の定めのない社団医療法人」の特徴

・社員退社時の持分払戻請求権がない
前述のB先生が退職する場合には、最初に出資した500万円だけを請求する権利がありますが、それとは別に退職金（社会通念上妥当な額）はA先生との話し合いによって支払われることがあります。

・解散時の残余財産分配請求権がない
前述のD先生は退職金については同じように受け取ることができます。違いはその後E医療法人を解散することになった時です。受け取ることができるのは、設立時に出資した

1000万円だけで、それ以外の残余財産があれば「その残余財産は国または地方公共団体に帰属」するとなりました。

つまり出資金1000万円以外に財産が残っていれば国または地方公共団体に「お返し」することになります。

(4)医療法人と個人開業の税金について

P.86の**図1**をご覧ください。個人事業の税率は6段階ありますが、医療法人は2段階だけです。

医療法人のメリットは課税所得900万円超のバンドです。課税所得900万円超〜1800万円以下のバンドでは、個人事業では税率43%（33%+10%）ですが、医療法人は約30%です。

課税所得1800万円超のバンドでは、個人事業では税率50%ですが、医療法人は約30%です。

つまり税率に差があります。特に課税所得1800万円超のバンドでは税率の差は約15%となります。この税率の差があるから「医療法人を設立すると節税」できると言われているのです。

医療法人において８００万円以下の所得に対しての税率は約20％です。

例えば、開業医個人の所得のうち１８００万円を超える所得の中の８００万円を医療法人に移転すると、その８００万円（医療法人の所得）に対する税金は約20％しかかからないことになります。

このことを開業医に伝えるだけでも信頼につながることもあります。

☞ここがキモ

この税率の差は丸暗記してください。ここの話がうまくできると大きな契約につながります。

この税率のメリットを医療法人化している理事長が理解すると、一気に商談は進みます。つまり理事長報酬を下げて、医療法人に利益を残そうとします。結果、新たな保険加入の原資が生まれることになります。

具体的なトークや成功事例は後述します。

図１　個人と法人との税率比較（合算）

個人診療所の税金（事業所得）
所得税・住民税の合計（平成25年度）

課税所得金額		所得税	住民税	合計	復興増税期間中
	195万円以下	5%	10%	15%	15.11%
195万円超	330万円以下	10%		20%	20.21%
330万円超	695万円以下	20%		30%	30.42%
695万円超	900万円以下	23%		33%	33.48%
900万円超	1,800万円以下	33%		43%	43.70%
1,800万円超	4,000万円以下	40%		50%	50.84%
4,000万円超		45%		55%	55.95%

医療法人の税金
法人税・住民税の合計

所得金額	法人税率
800万円以下	約20%
800万円超	約30%

図２　個人と法人の税率比較

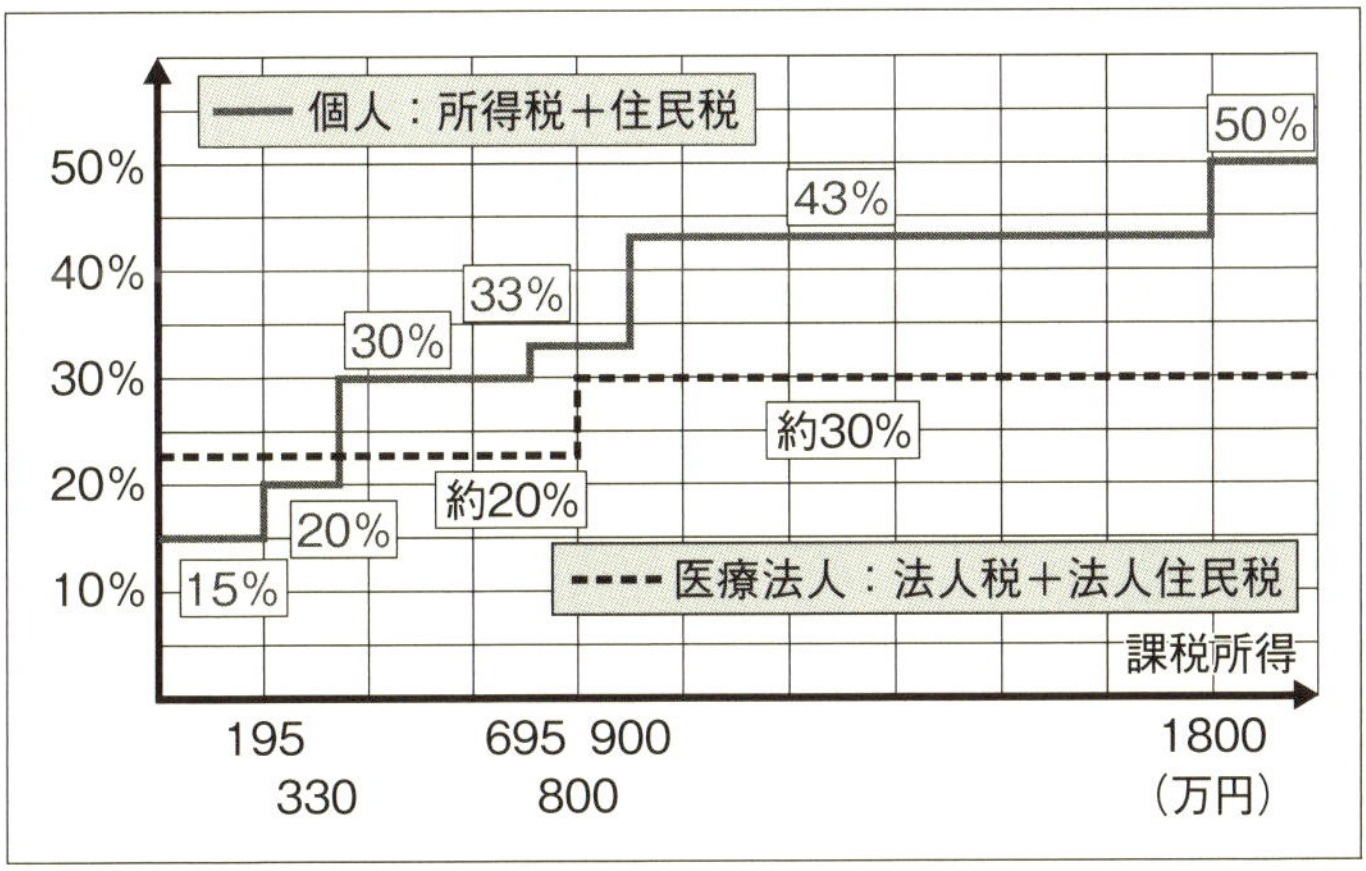

※復興増税については加味していません

※**「個人」**の**「社会保険診療報酬以外の収入」**には**「個人事業税」**が**「５％」加算**されます

※法人税は約で表示しています

※法人税の800万円以下については、租税措置法によって変わる可能性があります

⑸一人医療法人のデメリット

①医療法人のお金と開業医個人のお金は別々となるので、今まで自由に使えていたお金が使えなくなる。

②個人で使うお金は個人で納税後のお金を使うことになる

※①・②共通事項

多くの開業医は、個人事業の時には、

（稼いだお金）－（使ったお金）＝（医師が自由に使えるお金）

そのような感覚でいるようです。ところが医療法人化すると、

（理事長報酬）＝（医師が自由に使えるお金）

となるので、どんなに稼いでも医療法人に残したお金は、「医師が自由に使えるお金」とはなりません。しかし医療法人に利益を残さないと「節税」はできません。だからこのことを十分理解しておかないと医療法人設立後「こんなはずじゃなかった…」となるようです。

③医院の収入が下がってきた時に「税の軽減効果」が少なくなる

医療法人の最大のメリットは税率が低いことです。つまり医療法人に利益を残すから、そのメリットを活かせるのです。したがって将来何らかの事情で医院の収入が落ち込んでくると、医療法人に残す利益が少なくなったり、なくなります。すると税率が低くてもメリットを活か

すことができません。

④社会保険に加入する必要がある

個人事業で開業している医院は、多くの場合、スタッフ等は社会保険に加入していません。ところが医療法人は社員の社会保険に加入しなければなりません。そして社会保険料は労使折半となっているので新たな費用負担が発生します。

⑤個人の申告と医療法人の申告があるので税理士報酬が増える

税理士の業務が増えるので税理士報酬は増えます。

(6)一人医療法人のメリット

このケースでのメリットとしては次のようなものが挙げられます。

①高額所得の開業医ほど税制上有利になる

このことは前述しているのでここでは解説しません。

②理事長に役員報酬を払える

③理事長夫人にも理事として役員報酬を払える

※②・③共通事項

医療法人が一般法人と違う点の一つに、役員の給与所得者控除が法人でも経費として計上で

図5　役員退職金の税務＜計算式＞

（退職金の額 － 退職所得控除）× $\frac{1}{2}$ × 税率（最高55%）

＜有利ポイント1＞
勤続20年以下の場合
40万円 × 勤続年数

勤続20年超の場合
（40万円 ×20年）＋
70万円 ×（勤続年数－20年）

＜有利ポイント2＞

課税所得を2分の1にできる

※役員としての勤続年数が5年以下の場合は $\frac{1}{2}$ 課税はなし

＜有利ポイント3＞

分離課税になっている

きる、ことがあります。ですから一般法人と比べて有利になっています。

さらに理事長夫人にも適正な役員報酬を払うことで所得分散効果があるので、全体としての課税を少なくすることができます。

④役員退職金を支給できる

医療法人の役員は退職金を受け取ることができます。退職金は税制上有利になっています。

だから医療法人の利益を個人に移転する場合、低い税率で移転できる手段の一つとなります。

⑤社会保険診療報酬の源泉徴収がない

個人開業では国から支払われる診療報酬は10%源泉徴収されて入ってきます。ところが医療法人には100%そのまま払われます。だからその分資金繰りが楽になります。

⑥医療法人の赤字（欠損金）は7年間繰越できる

この制度は一般法人と同じです。また今後7年から9年になる可能性があります。

⑦生命保険に経費で加入できる

これは保険営業にとっては当たり前のことですが、医療法人の理事長や税理士は生命保険の活用法について詳しく知りません。我々保険営業にとって必ず訴求したいポイントです。

3 医療法人設立への経緯

一般的に、個人で開業して、順調に患者が増えていくと、数年後（3年から5年後）には売上が増えていきます。それに伴い開業医の収入も増えていきます。また経営的に優れた開業医は一気に売上を増やしていきます。

すると、開業医の課税所得が1800万円を大きく超えるようになります。そうなると多くの開業医には共通の不満が出てきます。それは「一生懸命稼いでも半分は税金にもっていかれてしまう」ということです。課税所得が1800万円を超えると、超えた所得に対して50％の税率（所得税と住民税の合計）がかかるためです。さらに4000万円超の所得については55％の税率となります。

そんな時に開業医が考えることは「医療法人化」です。その際の医院の診療報酬（売上）は7000万円以上あることが多いようです。つまり「儲かっている医院」です。もしそんな開業医に出会ったら一度聞いてみるのも切り口になるかもしれません。

「先生、これだけ利益が出ていれば医療法人化も検討されていますか?」

その答えが「検討しているよ」ならチャンス到来です。そのときに開業医が必要としている情報を提供できるように事前に十分勉強しておきましょう。

※医療法人化の方法については、各自治体(都道府県)ごとに異なります。詳細は都道府県ごとの医師会のホームページに記載されている場合もありますのでご確認ください。

4 理事長の心を一発でつかむトーク

●トーク例①

牧野「先生、医療法人のメリットを最大限に活かしてお金を残す方法にご興味ありませんか?」

医師「興味あるよ。どんな方法?」

牧野「ありがとうございます。もしよろしければ改めて30分お時間をいただければお話させていただきますが、いかがでしょうか?」

医師「今、ここで簡単にしてよ」

牧野「すいません。先生、それはムリなんです。きちんとご説明しないと間違って伝わること

があ りますので、今日ここではできません」

医師「分かりました。では改めてお願いします」

牧野「ありがとうございます」

●トーク例②

牧野「先生、医療法人のメリットを最大限に活かして財産を有利に残す方法について開業医専門でお手伝いしている方から勉強してきたのですが、それがなかなか凄いんです。先生はそんな方法にご興味ありますか?」

医師「興味あるよ」

牧野「もし、お時間を30分いただけるのなら分かりやすい資料でお話しますが、いかがでしょうか?」

医師「分かりました。時間を作ります」

私の経験では医療法人の理事長10人にこのトークを使うと3～4人の先生が「興味あるよ」とか「時間を作ります」と答えました。この確率は大変高いと思っています。一般的に「節税」や「保険の見直し」等で訪問すると、100人に1人興味を示せばよいほうだと思います。それと比べると30～40倍の確率です。

たったこれだけのことですが、この切り口を使い出してからの私と以前の私とでは医療法人を訪問して商談になる確率は飛躍的にアップしました。是非活用してください。

☞ここがキモ

事務長を置いている医療法人があります。この場合は要注意です。事務長は理事長からお金の管理や節税の方法について任されています。だから事務長は、今までそんな方法を知らなかったことを理事長に知られると困ります。保険営業であるあなたが良い提案をすればするほど事務長は保身に向かいます。すると良い提案はいつまでたっても事務長から理事長に伝わらない。そんなことがよくあります。

そんな場合は言葉を変えましょう。

牧野「事務長さん、最近になって分かった方法で医療法人の先生方に喜んでもらっている方法があるんです。事務長さんから理事長さんに提案されると喜ばれますよ。事務長さんのお手柄になると思いますよ」

このようにすると意外に簡単に理事長に面談できます。多くの場合、事務長にはほとんど決定権がありません。ほぼ全権理事長に確認して物事を進めています。だからと言って軽くあしらうと後で邪魔されるので十分注意しましょう。

5 実際の成功例　その1

紹介でお目にかかった医療法人の理事長です。診療科目は泌尿器科で、50歳の男性。奥様が理事をしています。

・開業10年目
・役員報酬は理事長550万円　理事（奥様）110万円
・売上　2億2000万円
・医療法人の利益　1200万円

牧野「先生、はじめまして。実はこの度○○先生からのご紹介でお目にかかります、ウイッシュアップの牧野克彦です。本日はお時間をいただきましてありがとうございます」

このような感じで初めての面談が始まりました。

牧野「先生、ひとつ教えていただきたいことがあるのですが、○○先生から私（牧野）のことをどんな言葉で紹介されたのか具体的に教えていただけないでしょうか？」

医師「それは、牧野さんの話を聞いたらお金が残るようになるよ、そう紹介されました。それで興味を持って会ってみたいと思いました」

牧野「ありがとうございます。では先生、早速ですが先生の医院はよく繁盛しているとお聞きしています。先生は医療法人のメリットを最大限活かしてお金を残す方法に興味ありますか?」

医師「それはありますよ。だからこうしてお越しいただいたのですから詳しく教えてください」

牧野「ありがとうございます」

> **ここがキモ**
> **最初に相手の考えや意図、気持ちを確認しましょう。このことをおろそかにすると後で「そんなはずじゃなかった」となります。**

続きの会話です。

牧野「では先生、順にお話いたします。個人での貯蓄と医療法人での貯蓄と別に考えることが大切です。先生は今個人での貯蓄はどのようにされていますか?」

医師「特に何もしていません。ただ銀行に預けているだけです」

牧野「毎月おいくらくらい貯金しているのですか?」
医師「毎月140万円です。」
牧野「それは凄いですね。もし銀行より有利に貯める方法があれば興味ありますか?」
医師「はい、あります」
牧野「実は年金保険という商品がありまして、最後まで支払うと銀行に貯金しておくよりは多少有利に貯蓄できます。もしよろしければ提案書を作りましょうか?」

こんな感じで年金保険の提案書を作ることになりました。その後のファクトファインディングにより、毎月40万円で年金保険を提案することになりました。

2度目の訪問です。

牧野「先生、毎月40万円で年金保険の提案書を作ってきました。ご覧ください」
医師「なるほど、でも思っていたよりたいしたことないですね」
牧野「はい、そのとおりです。先生はどれくらい増えると思っていたのですか?」
医師「具体的にはないのですが、期待が大きかったので、少しガッカリしました」
牧野「はい、正直にありがとうございます。実は同じ40万円を銀行で定期積立をした場合の推移を作ってきておりますので、ご覧ください」

医師「銀行で貯金したらこんなに少ないのですか？　これは驚きました」

牧野「年金保険を使いますと支払い金額に対して受取総額は大したことないと思いますが、銀行に預けていることに比べるとかなり良いと思いますが、いかがですか？」

医師「そうですね。分かりました、ではこのプランでお願いします」

牧野「ありがとうございます。良いご決断をされましたね」

ここで個人から月払い40万円の年金保険をご契約いただきました。

ここがキモ

開業医が興味を持ったら、まずはそこで完結してしまいましょう。あれこれと説明すると混乱します。今回は個人の貯蓄に興味を示したので、まずはその話で契約になるまで医療法人の話はしませんでした。

牧野「先生、医療法人の決算についてお話させていただきます。医療法人の決算期は何月ですか？」

医師「10月です」

牧野「では4ヵ月後ですからちょうど良いタイミングですね。先生の医療法人は毎年いくらくらいの利益を出されていますか?」
医師「約1000万円から1200万円です」
牧野「それで対策はされていますか?」
医師「いいえ、特に何もしていません」
牧野「分かりました。では先生、医療法人の税金についてご説明いたします」

さらに医療法人の会計について貸借対照表と損益計算書についての説明をしました。

牧野「いかがでしょうか? 先生、ご理解いただけましたでしょうか?」
医師「だいたい理解できました。牧野さんの説明によると医療法人に800万円以上の利益を残す意味はあまりないですね。特に私の医院のように個人での開業では利益剰余金を大きく残す意味もありませんね」
牧野「はい、先生がそう感じたのであればそれが一番良いと思います」
医師「では何か良い対策はありますか?」
牧野「はい。先生、この利益は何年くらいは続くと思われますか?」
医師「そんなことは分かりませんが、3年から5年くらいは大丈夫だと思います」

牧野「なるほど、そうなんですね。そんな医療法人に最適のプランがあります。もしよろしければ次回はプランを作ってきます。よろしいでしょうか?」

医師「はい、お願いします」

牧野「では先生、予算はいくらにしますか?」

医師「予算って何ですか?」

牧野「申し訳ございません、分かりづらかったですね。プランを作るのに保険料はいくらにしましょうかという質問です」

医師「なるほど、予算ですね。では1000万円でお願いします」

牧野「先生、それはよくないです。そんなに保険料を払うと医療法人に残るキャッシュが少なくなってお困りになるかもしれません。半分の500万円にされたほうが安心かと思いますが、いかがでしょうか?」

医師「なるほど、そうかもしれませんね。でも牧野さんは変わっていますね。保険屋さんのほうから保険料を減らす提案をするなんて、初めて出会いました」

牧野「それは医療法人の資金繰りを考えると当然のことです。また、1000万円の保険料を支払うと来期利益が下がった時に支払いが苦しくなるかもしれません」

医師「なるほど、そうですね。では牧野さんの言うとおり500万円でプランお願いします」

☞ここがキモ
お客様である開業医のことを第一に考えて提案しましょう。また開業医が気づいていないことにもアドバイスできるように圧倒的な知識を身につけましょう。そのことで他の保険営業とは全く違う立場になることができます。つまり良きアドバイザーとして開業医から必要とされる関係になります。

次回の訪問で500万円の逓増定期保険が決まりました。ただし加入するのは決算月の8月からとなりました。

牧野「先生、ありがとうございました。実は先生に喜んでいただけそうな提案があと一つだけあるのですが、お話してもいいですか?」

医師「もちろんいいですよ」

牧野「先生は高額の理事長報酬を取っていますよね。その額はどうしても必要だから取っているのですか?」

医師「いいえ、今以上医療法人にお金を残しても仕方がないので報酬を取っているんです」

牧野「分かりました。先生と奥様は今いくらの報酬を取っていますか?」

医師「私が550万円で妻が110万円です」

牧野「それは凄いですね。では先生の理事長報酬を月額100万円下げると手取りはいくら減るか分かりますか？」

医師「いいえ、分かりません」

牧野「先生、年間課税所得が1800万円を超えると税率は50％でしたね。だから先生の場合、月額100万円下げると手取りは50万円減ることになります」

医師「なるほど、そうですね」

牧野「では先生、毎月いくらなら報酬を下げても困りませんか？」

医師「100万円程度なら全く困らないよ」

牧野「ありがとうございます。でも先生、100万円下げて医療法人に残すだけならあまり意味がないこともご理解いただけますね」

医師「分かりますよ。でも何か良い方法があるのでしょう？」

牧野「はい、実はあるのです。この100万円を全額経費（損金）で落とせる保険がありま す。そして将来先生が退職する時に解約すると約○○％解約返戻金として戻ってきます。そのお金を退職金として取っていただきますと、退職金は経費として処理できます。その原資をつくることができます」

医師「それは興味ある話だね。もう少し詳しく教えてくれないか」

そこでガン保険について詳細に説明しました。また退職所得の課税についても詳細に説明しました。

医師「それはいいですね。では早速この件について顧問の税理士と相談してみます」

牧野「お願いします。でもたぶん税理士さんは反対すると思いますよ」

医師「それはどうしてですか？」

牧野「それはこんな保険の使い方をご存じないからです。また、税理士さんは自分が相談されてＯＫを出せば自分の責任になると思っているから反対するんですよ」

医師「なるほど、それなら大丈夫です。私は理事長報酬を下げることについて相談するつもりですから」

牧野「でもそのことについては明確に規定があります。理事長や理事の報酬は決算後３ヵ月以内に決定することになっていて、決算期の途中では変更できないことになっています」

ただし、理事長報酬を下げる場合は相応の理由があれば決算期の途中でも下げることができる場合もあります（例えば売上が極端に落ち込んだ場合等）。

医師「牧野さんは何でもご存知なんですね」

牧野「ありがとうございます。それはプロとして最高の提案をするためには必要なことだと考えているので一生懸命勉強しています。分かっていただいてうれしいです」

医師「なるほど、それはそうですね。なんだか牧野さんと話していると『なるほど』ばかり言っていますね。でも本当に『なるほど』と思うのですから仕方ありませんね」

こんなやり取りがあって決算の3ヵ月後に月払い140万円のガン保険の契約をいただきました。この医療法人では、次のとおり大きな契約となりました。やっぱり切り口と圧倒的な知識があると大きな契約に結びつきやすいのです。

・個人で月払40万円
・医療法人で年払500万円
・医療法人で月払140万円

6 実際の成功例 その2

セミナーを開催した時に参加していただいた歯科医から依頼があって訪問しました。この歯科は医療法人となっています。歯科医は46歳で男性、この医療法人の理事長をしています。奥様も歯科医で理事を務めているといいます。なおこの医療法人は以下のとおりとなっています。

・勤務医3名
・開業18年目
・役員報酬は理事長2000万円　理事（奥様）100万円
・売上　2億円
・医療法人の利益　2000万円

牧野「先生、本日はご依頼いただきましてありがとうございます」

医師「いいえ、こちらこそわざわざお越しいただきましてありがとうございます」

牧野「ところで先生は先日、私のセミナーにご参加いただきましたが、どこが気に入って、私に相談しようと思われたのですか？」

医師「実は医療法人化したものの、なんだかよく分からなくて、それで先日先生（牧野）のセミナー聞いて、この先生（牧野）なら正直に教えてくれる思ったのでお願いしました」

牧野「それはありがとうございます。では先生はなぜ医療法人化したのですか？」

医師「それは得だと聞いたからですよ」

牧野「なるほど。それでいくら得をしたのですか？」

医師「そう言われれば分からないなぁ」

牧野「それはとっても不思議ですね。いくら得をするのか分からないで医療法人化したのですか？　もしかしたら、先生は医療法人化して得する方法をご存知ないだけかもしれませんね？　それでは、先生は、医療法人化して非常に有利にお金を残す方法に興味ありますか？」

医師「もちろんです。だから今日来ていただいたのですから」

牧野「そうですよね。では早速ですが先日電話でお願いしました直近3期分の決算書を拝見できますか？」

医師「これです」

牧野「先生、大変失礼なことをお聞きしますが、この決算書に書かれていることをご理解されていますか？」

医師「いいえ、その時の利益と税金の額だけしか分かりません」

牧野「では簡単にご説明いたします」

ここから貸借対照表と損益計算書の記載事項とその意味などについて説明しました。

・どの数字を変えると有利になるのか？

・節税するには、どこの数字がポイントになるのか？

・退職金の準備をするのには、どの数字か？

・銀行が見ているのはどこか？
等々をお話しました。

ここがキモ
この医療法人は、売上が多く、経営状態も良好です。そして利益剰余金を見ると数千万円貯まっていました。なのに特に節税対策もせず、退職金の準備もしていませんでした。

医師「凄い、初めて決算書が理解できました。ありがとうございます」
牧野「意外に簡単でしょう。先生ならすぐに理解できますよ」
医師「しかし私は医療法人のメリットは使っていないということですね」
牧野「そうですね、全く使っていないわけではありませんが、非常に無駄なことをしています」
医師「それでどうすればいいの？　牧野さん、いい案を作ってくれませんか？」
牧野「ちなみに先生は何歳に退職したいと考えているのですか？」
医師「私は60歳で理事長は辞めたいと考えています。その後、医院は今の勤務医の中から意欲のある者に任せて、私は勤務医になって時々働きながら自由に好きなことをしたいと考えています」

牧野「先生のやりたいことって何ですか？」
医師「それは…」

そこから約20分間先生の将来やりたいことをお聞きしました。

牧野「それは素晴しいですね。是非実現してください。というか実現させましょう。先生、実はその夢を応援するプランがありますが興味ありますか？」
医師「もちろんです」
牧野「では先生、60歳でいくらお金があればその夢は実現できますか？」
医師「それは個人でいくら持っている必要があるかということですね？」
牧野「そのとおりです」
医師「2億円あれば大丈夫です。また、60歳以降も収入は確保できますから」
牧野「今のままでいくといくら貯まりそうですか？」
医師「1億円はいけそうです」
牧野「不足分は医療法人からの退職金で準備しましょう」
医師「なるほど、1億円の退職金を取るのですね」
牧野「いいえ、違います。手取り1億円にします。だから1億3000万円の退職金を準備する必要があります」

ここで退職所得について詳細に説明しました。

医師「では1億3000万円のお金を貯める必要があるのですね」

牧野「そのとおりです。そうしますと医療法人で年間約1000万円の積立が必要となります。その金額を税引後純利益で貯めるためには、約1450万円の税引前利益が必要になります（法人税を30％として計算）。でも生命保険をうまく活用すれば、もっと有利にお金を残すことができます」

医師「それはどんな保険ですか？」

牧野「もし興味があるようでしたら提案書を作りますが、いかがされますか？」

医師「もちろんお願いしますよ」

牧野「ちなみにプランは月払いか年払いかどちらがよろしいでしょうか？　また、その保険料はいくらまでなら頑張りますか？」

医師「とりあえず月払いでお願いします。それと毎月100万円までなら頑張れると思います」

牧野「ありがとうございます。ここで先生に提案があります。毎月100万円の保険料で提案書を作成させていただきますが、保険料はその金額が続きます。もし売上が下がっても保険料は下がりません。今回は余裕を見た金額で始めてはいかがでしょうか？　また決算月になって大きな利益が出ていれば、その時に年払いでもう一つ追加で契約していただくことも可能ですので、ご検討ください」

医師「それはいい案ですね。では次回牧野さんが来られるまでに検討しておきます」

こんな感じで進みました。
そして次の面談です。

牧野「先生、プランができました」

医師「はい、ありがとうございます。それで先日の牧野さんの提案の件ですが、税理士に相談したら、牧野さんの言うとおりにしたほうが良いと言われました。今回は月払い50万円で始めたいと思います」

牧野「分かりました。そんな場合も考えて月払い50万円の設計書と申込書も持ってきました。ご覧いただいて、お気に召していただいたら今日申込書に署名、捺印いただいてもいいですか？」

医師「ずい分準備がいいですね。今日契約してもいいですよ」

結果的に月払い50万円で契約をいただきました。ちなみにこの開業医からは決算前に電話があって、追加で年払540万円の契約もいただきました。

7 まずはガン保険から

ここでいうガン保険は掛け金の安い保障重視のガン保険のことです。通常月払い保険料は1万円以下です。ではなぜガン保険なのか、その説明をします。

医療法人に限らず、開業医と商談をしても毎回すぐに契約とはなりません。むしろすぐに契約にならない場合のほうが圧倒的に多いのが現状です。その際に何の契約もしていないと次回からの訪問の理由がないことになります。毎回保険の提案もできないし、情報を持っていくと言っても開業医が喜ぶ情報を毎回持っていくこともできません。

そのうちに訪問しづらくなって、いつの間にか訪問しなくなってしまいます。そうなるとせっかく商談までした関係が薄れてしまいますし、多くの場合、関係は消えてしまいます。

そうしたことを防ぐだけではなく、開業医との関係を深くする方法がガン保険の契約をいただくことで可能になります。

牧野　「先生、この度はありがとうございました。お時間をいただいて、真剣にご検討いただきましたこと、心から感謝いたします。結果的に今回は見送られるとの結論になりましたが、またの機会にお声がけください」

医師「はい、そうします。こちらこそせっかくいろいろとプランを作っていただいたのにスミマセン。次回検討するときにはお声がけさせていただきます」

その場ではこのような会話になるのですが、実際に声がかかることはまずありません。私は何か良い方法はないのか？　そう考えていました。そして偶然に見つけた方法がガン保険でした。

牧野「ところで先生、月々6000円でガン保険に加入できるのですが、先生はガン保険に加入されていますか？」

医師「ガン保険には加入していないよ。月々6000円なら加入してもいいよ。でも何でこんな安い保険の話をするの？」

牧野「何か先生と関係を続ける方法がないかなと考えていたら、今偶然に頭に浮かんだんです」

この契約が後になって思いもよらぬ効果を発揮しました。例えば電話する時でも訪問した時でも簡単に受付を突破できます。

牧野「もしもし（こんにちは）、○○先生の保険の担当をしている○○生命の牧野克彦です。今、先生はいらっしゃいますか？」

受付「はい、少しお待ちください」

そして一番の効果は決算時に開業医が保険を検討した時に商談のテーブルに乗ることができることです。開業医から見ると牧野は担当者です。だから「牧野さん、実は保険を考えているので一度来てくれますか？」ということになります。

私の場合、ほぼ全件連絡が入ります。もちろん日頃の訪問の中で保険のことを話していますし、「決算時に先生にピッタリの方法があるからお声をかけてくださいね」と話しています。その結果、開業医のほうから声をかけていただくことが増えています。

8 医療法人化のお手伝いをして契約

出会った開業医が医療法人化に興味を持っていたり、医療法人化したほうが良いと思われる開業医の場合、私は積極的に医療法人化のお手伝いをしています。

①医療法人化した場合のメリットを話す
②医療法人化したときのシミュレーションをする
※これは私では正確にできないので知り合いの税理士に有料でお願いして、無料で開業医に提供しています。
③医療法人化の流れと手続きの方法をお話しします。
④今の顧問税理士が手続きできる場合は、顧問税理士にお願いしますし、できない場合は、手続きの得意な士業を紹介します。
⑤医療法人化した場合の有利なお金の残し方について30分かけてレクチャーします。そしてこの方法を採用したほうが有利にお金を残せることを理解していただきます。

9 医療法人化の今後

最近、医療法人化する開業医が増えています。また医療法人化の相談件数も増えています。

その理由は
・法人税の減税
・個人、特に高額所得者の増税
・資産税の課税強化
などです。

この点を考えると、個人で所得を必要以上に増やすことより、医療法人を設立して利益を法人にストックしたほうが結果としてトータルの手取りが増える可能性があります。

さらに租税措置法の見直しも検討される可能性があります。そうなると個人事業より医療法人化したほうが良いと考える開業医が出てきてもおかしくありません。

このように、今、医療法人化を検討している開業医や、これから医療法人化を検討する開業医は増えていくと思われます。そんな開業医から「医療法人化を相談するなら○○さん」と頼られ、信用され、必要とされる保険営業になりましょう。

第5章 MS法人を活用する

1 MS法人（メディカルサービス法人）の基礎

一般的にMS法人は「節税のための法人」と考えられていますが、MS法人には様々な活用法があります。保険営業にとっては、MS法人を「節税のための法人」として活用している開業医がありがたいのですが、それだけの知識では開業医の信頼を得ることはできません。まずはMS法人の本来の活用法について知っておくことが開業医の信頼を得るために必要なことになります。

その後に「節税のためのMS法人活用法」ついてお話します。

(1) MS法人とは

MS法人とは、医療法人が行うことのできない営利事業を担わせるために設立された「会社」のことです。法的に「MS法人」という会社形態が存在するわけではなく、法的な性質としては、通常の会社そのものです。

以前は有限会社が多くを占めていましたが、現在は有限会社がなくなったのでほとんどが株式会社の形態をとっています。稀に合資会社等の形態をとっていることもあります。

MS法人の業務としては、主に次のようなものがあります。

①コンタクトレンズの販売
②化粧品の開発と製造販売
③医薬品を仕入れて病院に販売
④病院の建物をMS法人が所有して病院に賃貸
⑤事務職員をMS法人に所属させ業務請負
⑥医療機器・車両をMS法人が所有して病院にリース
⑦医院の備品の仕入れ・販売
⑧その他、法人の定款に記載されているすべての業務

ただし留意しなければならない事項もあります。例えば、
①②は、薬事法等の許認可が必要
③は、医薬品に関しては、医薬品店舗販売業・医薬品卸売販売業等の許認可が必要
となります。

⑵MS法人の活用法

MS法人をうまく活用すると事業内容を大きく広げることができます。通常医院ではできな

い事業展開が可能となるので、事業意欲の旺盛な開業医にとっては便利な会社形態でもあります。

ＭＳ法人の事業内容として主なものは、以下のとおりです。

①介護サービス事業
②不動産を所有し、自己の土地、建物を有効に活用
③通所介護や有料老人ホーム、ケアハウス等の多地域展開に利用
④高齢者向け賃貸住宅や障害者向け賃貸住宅などを運営
⑤分院展開における拠点

(3)医療法人とMS法人の違いとは

医療機関は、コンタクトレンズ（眼科）や化粧品の販売（皮膚科・美容系）を直接行うことができません。また医療機関内においてコンタクトレンズや化粧品の販売を行うこともできません。しかしコンタクトレンズ（眼科）や化粧品の販売（皮膚科・美容系）は開業医にとって大きな収益源であることも事実です。

ですからその事業をするためにＭＳ法人を活用することが増えています。

(4)ＭＳ法人の存在意義

①医療法人ではできない営利活動ができる

②医療法等の影響が及ばないため、都道府県に干渉されることがない

ＭＳ法人は通常の会社です。医院や医療法人のように都道府県の監査等の干渉を受けることがありません。自由に活動することができます。

(5)ＭＳ法人のメリット

①所得には法人税が適用となり節税できる

節税対策は、特に個人事業の開業医がＭＳ法人を持つ意味の一つです。つまり個人事業では最高税率は55％ですが、法人税の最高税率は約36％です。この税率の差がＭＳ法人のメリットの一つです。

②留保した利益を株主に配当できる

医療法人は配当を禁止されています。理由は、配当をすることで医療法人の内部留保（利益剰余金）が外部流出するからです。医療法人は「地域医療に貢献すること」を目的の一つにしていますから、倒産するようなことがあっては地域の人々に多大な影響を及ぼします。

そのために医療法人の内部留保（利益剰余金）を配当することを禁止しています。ところが、ＭＳ法人は通常の会社ですから利益を出して、利益剰余金が貯まれば自由に配当できます。だから儲かった時に株主に利益を配当として還元できます。

③株主は制限が少ないので株主の選任を考えると生前贈与（相続対策）ができる

医療法人の理事長は通常、医師しかなることができません。一般会社の資本金に当たる出資金も理事長が出すことになります。医療法等で様々な制限もあります。

ところが、ＭＳ法人は通常の会社です。だから医療法人に比べると制約は極端に少なくなります。したがって、最初から開業医の奥様やお子様を株主にしておくことで資産の移転ができるのです。相続財産を減らす効果もあります。

④医療法人ではできない事業ができる

・不動産の売買、賃貸ならびに管理
・医療用機械器具、家具、事務用品および自動車の販売、賃貸ならびに管理
・医薬品、医薬部外品、医療用品および衛生材料の販売ならびに管理
・医療機器の輸出入
・歯科技工用原材料の販売ならびに加工
・病棟その他医療施設の衛生管理および清掃業務の受託
・医療施設の修理、改造の請負ならびに営繕

・医療事務代行業
・有価証券の保有、運用、管理および売買
・コンピュータ販売および修理
・前記各項目に付随する一切の業務
その他なんでも「目的」に記載すればできます。

(6) MS法人のデメリット

①消費税の納税義務者となり納税負担が増える

MS法人の売上が1000万円を超えると消費税の納税義務者となります。このために消費税の納税義務が発生します。ところが、MS法人を設立して売上が1000万円を超えないようではMS法人のメリットを十分に活かすことはできません（稀に売上1000万円以下のMS法人も存在します）。

②法人の管理事務の時間とコストがかかる

MS法人を設立して事業を始めるとそのためのコストがかかります。
例えば、次のようなことです。
・決算のための経理処理の時間とコスト

・決算書を作成し、税務申告をするための時間とコスト

（税理士等に支払う顧問料や決算費用等）

③病院で利益が出ないと、実質納税負担が増える

MS法人は、病院での利益の一部を移転するために活用されます。その利益の移転をして、所得を分散することで「税の軽減」を図ります。ところが病院で利益が出ないと単にMS法人の維持コスト（②の負担）が増えるだけでメリットはありません。

④税務調査が厳しいので、病院との取引が否認されないような税務対策が必要

MS法人は一般的に「病院の利益の移転先」考えられています。税務署は税務調査の時はその点を厳しく調べます。だから極端な利益の移転は避けたほうが無難であると言えます。

⑺医療法人とMS法人の関係

医療法人を設立して、なおかつMS法人も設立している開業医と、医院は個人事業でMS法人を設立している開業医がいます。それぞれにメリット・デメリットがありますので簡単にお話しましょう。

①医療法人とMS法人の両方を設立している開業医

一言で言えば「儲かっている開業医」です。

多くの場合、

・規模が大きい
・勤務医がいる
・分院展開をしている
・事業意欲が旺盛
・経営者としての感性感覚に優れている

等のことが考えられます。保険営業にとっては、「最も大きな契約が期待できる開業医」であると言えます。

②個人事業で医院を経営し、MS法人を設立している開業医

いろいろなケースが考えられます。

【ケース1／「生涯一医師として現役を貫きたい」開業医】

開業医が生涯現役を希望されている場合は、医療法人を設立しても開業医自身が退職金を取るメリットを使うことができません。

そうした場合の手法として、医院は個人事業としておいて、奥様やお子様を役員としたMS

法人を設立することがあります。

そして医院の利益の一部をＭＳ法人に移転します。このことで開業医の所得を分散できます。さらに奥様やお子様はＭＳ法人から役員報酬を取ります。結果としてかなりの所得分散効果を得ることができます。

また将来、奥様やお子様に役員退職金を払うことで、退職所得のメリットも受けることができます。

【ケース２／子どもに資産の移転をしたい開業医】

お子様をＭＳ法人の社長や役員にします。そしてお子様に役員報酬を支払うことで資産の移転をすることができます。またお子様にも退職金を支払うことができるので退職所得のメリットを受けることができます。資産の移転をすることで、結果的に相続の対策にもなります。

(8)診療科目とＭＳ法人の適正

ＭＳ法人は通常の会社です。だからＭＳ法人で売るものがないとＭＳ法人を設立しても効果は少なくなります。

適している診療科目は、

・眼科
・皮膚科
・美容系
・歯科

等と考えられます。

他の診療科目でもMS法人を活用できないことはありませんが、利益の移転方法は業務委託が中心となるので、それだけではMS法人に大きな金額を移転することは難しいと考えられます。ただし、不動産管理や医療機器のリース等、前述の業務内容をうまく活用すると大きな金額を移転することが可能となります。

2 MS法人を切り口に開業医の信頼を得る方法

(1) MS法人を設立した開業医から相談されること

よく相談を受ける事項として次のようなことがあります。

① 節税になると勧められてMS法人を作ったけれどうまく活用できない
② MS法人で税金を払いたくない

③節税になると言われて大きな保険に加入したのでお金がない

いかにMS法人のことを理解しないでMS法人を設立したかを証明するものです。このことを解決すると結果的に大きな契約につながります。

①節税になると勧められてMS法人を作ったけれどうまく活用できない

私の経験では、MS法人の活用法をよく知らないまま、税理士に勧められて設立したケースの相談が一番多かったです。

しかし、この相談を受けた時は、信頼を得るチャンスともなります。まずは、開業医の話をじっくり聞きましょう。いきなり訳知り顔でMS法人の意義や活用法を説明してはいけません。その中で確認することは、次のことです。

・開業医の節税に対する考え
・開業医の勇退時期について
・開業医の事業承継について
・奥様の節税に対する考え
・奥様が退職金を希望しているのか？
・またその金額は？

・お子様に資産を移したいのか？
・またその金額は？

これくらいヒアリングできれば大丈夫です。その考えに沿ってMS法人の活用法を話してください。一気に信頼を得ることができるはずです。

また、開業医の考えや奥様の考えを聞いて、MS法人は「不要」との結論になることもあります。その場合は正直にアドバイスしましょう。その結果、MS法人を残すのか、休眠するのか、廃業するのかは開業医自身が決めればいいことです。

ただし、この保険営業にとってこのレベルのアドバイスは難しいので、基本的には顧問税理士に相談することを勧めるほうが良いと思われます。

②MS法人で税金を払いたくないのでムリに何かを買っている

この相談もよくあります。この相談のケースは一般法人の税率について説明してください。多くの開業医は勘違いしています。

その勘違いとは、「MS法人で利益を出すと税金を払わないといけないから、MS法人では利益を出してはいけない」というものです。

こういう話が出た時にも信頼を得るチャンスです。

ＭＳ法人（一般法人）では課税所得８００万円までの場合、税率は約26％（※注）です。だからＭＳ法人で利益を出して約26％納税しても約74％が利益剰余金として残ります。必要なものであれば、経費を使ってもよいと思いますが、不要なものを買って経費を使えば残るお金は「０円」です。そのことを説明しましょう。

私の場合は「先生、もしかしたら無意味なことをしているかもしれませんね。なぜならＭＳ法人の利益が８００万円までの場合は…」と時間をかけて説明します。

「だから安心して利益を出してくださいね。でも８００万円を超えると税率は一気に36％になります。この場合はＭＳ法人の経費を活用してうまく財産を残す方法を活用されてはいかがでしょうか？」

「もしよろしければ、プランを作りましょうか？」

このように話してください。

その時の開業医の答えは「ありがとうございます。初めて聞きました。今まで誰もそんなことを言ってくれませんでした。牧野先生にお話を聞いてよかったです」となることが多くありました。そうなると「是非プランを作ってください」という話も進みやすくなります。チャンスが広がります。

※平成26年4月1日現在の税率です。ただし租税措置法等は時限的といわれているのでここでは考慮していません。

③節税になると言われて大きな保険に加入したのでお金がない

このケースもよく出会います。MS法人の利益が出た時に「このままでは税金を払うことになりますよ」と言われて必要以上の保険料を払っているケースです。

このケースでも、まずは開業医の話をじっくりヒアリングしてください。ヒアリング内容としては次のものがあります。

・直近3期の利益の金額
・今期の利益
・来期以降の利益の予想

開業医の希望が保険料を下げることであれば、

・減額
・払済
・延長定期
・解約
・名義変更（法人～個人へ）

等々の方法の中から最適な方法をアドバイスします。結果としてもの凄く大きな信頼を得ることになります。

3 MS法人の心を一発でつかむトーク

(1)トーク例1

牧野「先生、MS法人のメリットを最大限に活かしてお金を残す方法にご興味ありませんか?」

医師「興味あるよ。どんな方法?」

牧野「ありがとうございます。もしよろしければ改めて30分ほどお時間をいただければお話させていただきますが、いかがでしょうか?」

医師「今、ここで簡単にしてよ」

牧野「申し訳ございません。先生、それはムリなんです。きちんとご説明しないと間違って伝わることがありますので、今日ここではできません」

医師「分かりました。では改めてお願いします」

牧野「ありがとうございます」

(2)トーク例2

牧野「先生、MS法人のメリットを最大限に活かして財産を有利に残す方法について、開業医専門でお手伝いしている方から勉強してきたのですが、それがなかなか凄いんです。先生はそんな方法にご興味ありますか?」

医師「興味あるよ」

牧野「もし、時間を30分いただけるのなら分かりやすい資料でお話しますが、いかがされますか?」

医師「分かりました。時間を作ります」

ここがキモ

私の経験ではMS法人の場合はMS法人の社長である奥様も最初から一緒に話をすることがポイントになりました。開業医マーケットでは想像以上に奥様の意見が通ります。だからMS法人を持っていると聞けば必ず「社長はどなたがされていますか? できれば社長様にもご同席お願いできませんか?」とお話しましょう。結果的にそのように商談を進めたほうが早く契約につながります。

4 実際の成功例　その1

紹介でお目にかかった個人事業の歯科医師です。その医者は男性で45歳。この歯科医院の院長をしています。MS法人の社長は奥様が務めていて、開業15年目を迎えます。歯科医院とMS法人の概要は、次のとおりです。

・歯科医院の売上1億円
・開業医の所得は3600万円
・MS法人の売上は2500万円
・役員報酬は社長（奥様）1200万円
・MS法人の利益1000万円

この医者の相談のキッカケは次の2点でした。

①お金が残らない
②生命保険料が負担であるのでうまく整理したい

面談の日、奥様も同席されました。

牧野「先生、この度、私にお声がけいただいた理由を教えてください」
医師「はい、2つあります。1つ目は稼いでいるわりにお金が残らないこと、2つ目はMS法人で生命保険に加入しているのですが、保険料が負担になっています。それで担当者に相談したら『途中で解約すると損をする』と言われました。でも続けるにはお金が足りなくて個人のお金をMS法人に貸しているんです」
牧野「なるほど、よく分かりました。では先生、どちらの問題から解決しましょうか?」
医師「ではMS法人の保険のほうからお願いします」

このような会話で始まりました。
早速MS法人の決算書3期分と生命保険証券を拝見しました。ところがここからが面白い展開を見せたのです。先生の腕時計がユリス・ナルダン（スイスの高級時計）の珍しいタイプでした。

牧野「先生、いい時計していますね。ユリス・ナルダンの○○タイプですね」
医師「これが分かりますか。実はね…」

この会話がキッカケで1時間半ほど時計の話で盛り上がりました。

牧野「先生、今日は時間がなくなりました。また来ます。その時に決算書と保険証券をじっくり拝見します」

医師「申し訳ありません。すっかり盛り上がっちゃって。楽しかったです」

牧野「私も楽しかったです。では先生、次回はいつにしましょうか？」

医師「そうですね…」

とってもスムーズに次回のアポイントが決まりました。この日の商談は「大成功」であることが分かりますか？　1回目の訪問の目的は、信頼を得ることです。お互いの趣味が同じであることですっかり意気投合しました。

ここがキモ

実はこの1時間30分の中身がとても大切なんです。私が話していた時間は20分くらい。残りの70分は医師が話していました。人は自分の話に興味を持ってくれる人に好意を持ちます。だから趣味が同じ場合でも自分からは話さずにニコニコして聞いているだけで仲良くなり、好意を持たれます。それが信頼につながります。

この日の1時間30分で分かったことは、次のようなことでした。

・医師は腕時計とギターが趣味
・年間300万円以上を時計とギターに費やすこともある
・奥様はそのことが不満（多少は使ってもよいけれど、度を越えて使うからお金が残らないと思っている）
・夫婦とも老後の資金は準備したいと考えている
・夫婦とも貯金は苦手
・医師は時計を買いたくて一生懸命に働いている
・子どもは高校生と中学生がいる
・将来は医学部か歯学部を希望したら行かせてやりたい

この場合、主に趣味の話をしているのですが、医者の価値観や未来のことも聞き出しています。

さて2回目の商談です。

牧野「先日は失礼しました。今日は早速決算書から拝見します」
医師「こちらこそ失礼しました。今日は時計の話はやめときますね」

ここで個人の確定申告書とMS法人の決算書を拝見しました。

牧野「先生、凄いですね。MS法人で不動産も所有していますね。不動産は賃貸として所有されているのですか？」

医師「そうです。人（他人）に貸しているものと、自分のマンションとして使っているものがあります」

牧野「後は業務委託と歯科材料と加工の差額ですね」

医師「そうです」

牧野「ちなみに決算書は、どこに何が書いてあるのかご存知ですか？」

医師「いいえ、分かりません」

牧野「ハッキリ申し上げていいですか？　これだけの売上があって利益も出ているのに現金が不足しています。その理由が問題ですね」

医師「そうなんです、お金が足りないから個人から法人に貸しているのです。なんかおかしいなあ…と思っています」

牧野「その理由は、貸借対照表の投資等その他資産の項目の前払い保険料と、損益計算書の保険料が多すぎることですね。なぜこれだけの保険料を払っているのですか？」

医師「それは担当の人が利益を出したら税金がかかるから、保険に加入して経費を作らない

牧野　と大変なことになるよと言うからです」

医師　「それは違います。例えばMS法人で800万円の課税所得があればいくらの税金がかかるかご存知ですか?」

牧野　「いいえ、全く知りませんが、半分くらいは税金だと思います」

医師　「いいえ、違います。今年度は約26％です。つまり約200万円が税金で約600万円はMS法人に残ります」

牧野　「そうなんですか。知りませんでした」

医師　「だからムリに経費を作らなくても利益を出して税金を払ってもお金は残ります」

牧野　「個人では税金は50％だから法人も同じだと思っていました」

　ここで改めて法人税について貸借対照表と損益計算書についても説明しました。

医師　「初めて決算書のことが分かりました。意外に簡単なんですね。ありがとうございました」

牧野　「これでMS法人の保険加入方法についてどうすれば良いのかがお分かりですね」

医師　「はい、今は払い過ぎということが分かりました。でも具体的にどうすれば良いのかは分かりません。どうすればよいのですか?」

牧野　「はい、次回考えてきますが、MS法人の決算は9ヵ月後です。またMS法人の保険はすべてが年払いですから、今すぐに解約するのは1件だけです。そして今すぐには加入すべき保険はありません」

医師　「そんなこと言わないで良い保険を考えてくださいよ」

牧野　「言葉足らずで申し訳ございません。私が申し上げたいことは、決算の前に数字を見てから、その数字に合わせてプランを考えましょうということです」

医師　「なるほど、そう言ってもらえれば分かりやすいですね。でもせっかく来ていただいたのに何も保険に加入しなくても構わないのですか？」

牧野　「今必要がないのでお勧めすることはありません」

医師　「では牧野さん、個人でお金が貯まらないことの相談に乗ってくださいよ」

牧野　「はい、ありがとうございます」

ここからは奥様も交えての会話です。

牧野　「奥様、奥様はお金をもっと貯めたいとお話されていましたが、なぜですか？」

奥様　「はい、主人が稼いだお金ですから使ってもいいのですが、老後のために残しておかないと、今まで貯めたお金は子供の進学資金でなくなります。そうなると老後のお金が足りなくなるかもしれませんので、不安です」

牧野 「なるほど、それはそうですね。でもそれなら貯金をすればいいと思うのですが、いかがでしょうか？」

奥様 「それが…主人はお金が貯まると勝手に時計やギターを買ってくるんです」

牧野 「それは趣味ですから、ある程度はよいと思うのですが…」

奥様 「そうなんです、ある程度はね。でも貯まると使うので本当に残らなくて…」

牧野 「分かりました。でも今の時代は大きく増やすことにはリスクが伴いますが、奥様は多少のリスクを取っても大丈夫でしょうか？　また先生はいかがですか？」

奥様 「私はリスクはイヤです」

医師 「私もリスクはイヤだな」

牧野 「はい、分かりました。では増えることよりも減らないことを優先します。そして確実に貯まるプランにしましょう。でも大して増えないですよ」

奥様 「ではメリットはないのですか？」

牧野 「いいえ、奥様が一番心配されていることが解決できます」

奥様 「詳しく教えてください」

牧野 「はい、お金が貯まっていることを見えないようにします。見えないお金は簡単にはおろせません。だから結果的に貯まります。そして契約どおりに最後まで支払いをすれば、支払総額を上回まわる金額を受け取ることができます」

奥様　「それはいいですね。」

牧野　「では次回にプランを持ってきます。ちなみにご自身の将来のために毎月いくら頑張りますか？」

医師　「20万円くらいなら大丈夫です」

奥様　「いいえ、30万円なら払いますので、30万円でプランを作ってください」

牧野　「はい、分かりました」

> ☞ここがキモ
>
> MS法人のことに真剣に相談に乗った結果、予想外の展開になりました。私から一切お勧めしていないのですが、お客様のほうから依頼されました。その理由は信頼されたからです。仲良くなっただけではこの展開はありません。奥様や医師の言った以上の金額を指定したことでご理解いただけると思います。

さて、3回目の商談です。

牧野　「先生、奥様、毎月30万円でプランを作ってきました。今から説明しますのでよろしくお願いします」

時間をかけて丁寧に説明しました。今回のプランは年金保険（円建て）です。詳細は次のとおりです。

・保険種類　年金保険
・払込期間　65歳
・受取期間　66歳から80歳
・保険料　31万円（月払い）

医師「これはいいですね。それに思っていたより受取りが多いように思います」
牧野「ありがとうございます。ではこのプランでいいですか？」
奥様「ちょっと待ってください。これは主人の分だけでしょう？　私も同じプランに加入したくなったので私のプランも30万円で作ってください」
牧野「ありがとうございます。では次回に先生のプランと奥様のプランの申込書を持ってきますので、それでよろしいでしょうか？」
奥様「はい、お願いします」

この流れでご夫婦で月払い65万円で契約いただきました。さらに決算前にMS法人の保険の見直しもさせていただきました。結果としてMS法人では年払い600万円のガン保険の契約もいただいたのです。

決算前の商談です。

牧野「先生、先月までの月次表はありますか?」

医師「あります」

牧野「毎年利益は安定していますね。それであれば○○○万円の利益をMS法人に残して、残りを奥様の退職金の原資として考えましょう。ちなみに奥様の大きな死亡保障は必要ですか?」

医師「いいえ、不要です。妻が死亡してもお金には困りません」

奥様「そうですね。私が死亡した時の保障は不要です」

牧野「分かりました。でも奥様の名義で1億円の定期保険(70歳満期)に加入していますね。どうしてですか?」

奥様「それは、この保険は経費になって節税になると説明されたからです」

牧野「確かに経費になります。でも不要な保険にお金を使うことはムダなことです。もしこの保険に加入していなければ、保険料の75%が残りますよ」

奥様「そうなんですか。知りませんでした」

牧野「必要であれば加入されればよいのですが、不要な保険に加入することは全くのムダ遣いですね」

奥様「では解約します。この保険以外にも個人で死亡保険に加入していますからね。スッキリしました。牧野さん、ありがとうございます」

牧野「そんな奥様にはガン保険が最適ですね」

ここでガン保険について詳細に説明しました。事前にプランを作っておいて具体的な説明を行いました。

奥様「ではこのプランでお願いします」

牧野「ありがとうございます。では保険料はいくらにしましょうか?」

奥様「そうね、MS法人に利益を残してもいいのね。だったら600万円でお願いします」

牧野「はい、それがいいですね。MS法人に利益も残してください。それでは600万円でプランと申込書を作ってきます」

奥様「それでお願いします」

> ☞ここがキモ
> 1回目、2回目の商談で売り込まないことが大切です。信頼を得ることに集中しましょう。慌てなくても大丈夫です。支払能力のある（儲かっている）開業医は信頼できるパートナーを探しています。
> 信頼できるパートナーの条件としては次のものがあります。
> ・困ったことや悩み、夢をすべて聞いてくれる
> ・その解決策を教えてくれる
> ・税務の知識を分かりやすく教えてくれる
> ・質問に対して誠実に答えてくれる
> ・開業医の立場や利益を優先してくれる
> ・開業医のことをよく知っている
> 皆さん、開業医から信頼されるパートナーになってください。

5 実際の成功例 その2

飛び込み訪問で開拓した個人事業の皮膚科です。その医師は55歳で男性。この医院の院長を

しており、ＭＳ法人の社長は奥様の父親で80歳を迎えています。

詳細は次のようになっています。

・開業18年目
・皮膚科の売上９０００万円
・開業医の所得は１８００万円
・奥様の専従者給与９６０万円
・ＭＳ法人の売上は１５００万円
・ＭＳ法人の収入は医院からの業務委託
・役員報酬は社長（父）４８０万円
・役員２名（娘３００万円、息子３００万円）
・ＭＳ法人の利益１３０万円

キッカケは5年前の飛び込み訪問です。

「先生、開業医が有利にお金を残す方法に興味ありませんか？」のフレーズに興味を示してくれて、提案をしました。結果として申込みには至りませんでしたが、その後フォローを続けていました。

フォローの内容は、

・毎月メール
・家族のバースデーカード
・定期ハガキ
・時々セールスレター
・時々電話
などです。
5年経った時に突然奥様から電話がありました。

奥様「牧野さん、いつもご案内ありがとうございます。実はMS法人のことで相談があるのですが、牧野さんはMS法人についても詳しいですか?」
牧野「はい、一応一通り勉強してありますので大体のことは答えられると思います」
奥様「では一度来ていただけますか?」
牧野「ありがとうございます。ところで奥様、資料等の準備の都合があるので、差し障りのない範囲内で今回の相談内容について教えていただけませんか?」
奥様「実はMS法人の社長が私の父になっていて、高齢で今後どうしようかと思っているんです」
牧野「何歳になられたのですか?」

奥様「80歳です」
牧野「今は体調を崩されたりしているのですか?」
奥様「いいえ、今は元気です」
牧野「分かりました。ではMS法人の資料を持って伺います」

こんな感じで相談の依頼があり、早速訪問することにしたのです。そこで奥様と医師を交えて話し始めました。

牧野「ご連絡いただきましてありがとうございます。早速ですが、MS法人のことでご相談があるとお聞きしているのですが、再度詳しく教えていただけますか?」
奥様「はい、実はMS法人の社長を父がしているのですが、80歳になりまして、高齢ですので今後どうしたものかと思って相談しました」
牧野「なるほど、よく分かりました。少しお聞きしたいのです。通常は奥様がMS法人の社長になることが多いのですが、奥様はなぜMS法人の社長にならなかったのですか?」
奥様「税理士の先生から、専従者はMS法人の社長になれないと言われたものですから」
牧野「確かに専従者はMS法人の社長になれません。だからMS法人を立ち上げた場合、一般的には、奥様は専従者にならずにMS法人の社長になることが多いのです」

奥様「税理士の先生から『奥様が先生と同居の場合はMS法人の社長にはなれない』と言われました。そんなことないのですか？」

牧野「そんなことありません。私がお手伝いしているMS法人を持っている先生のほぼ全員が奥様を社長にしていますよ。税理士の先生は何か特別な理由を言っていませんでしたか？」

奥様「いいえ、特に何も言ってはいませんでした」

牧野「まずは一度税理士の先生に確認してください。それともう一点奥様にお聞きしたいのですが、売上のわりにMS法人の利益が少ないのはなぜですか？」

奥様「だって利益を出したら税金がかかるじゃないの」

牧野「奥様、MS法人の税率のことをご存知ですか？」

奥様「いいえ、全く知りません」

ＭＳ法人は通常の法人であることなどと合わせて、法人税について、特に課税所得８００万円以下の税率について詳しく説明しました。

牧野「いかがですか、ムリに経費を使うことがいかにムダなことかご理解いただけましたか？」

奥様「はい、よく分かりました」

牧野「本題のＭＳ法人の社長についてお話しします。一番簡単な方法は奥様がＭＳ法人の社長になることですが、一つ問題があります。それは奥様が専従者のままではＭＳ法人の社長になれないということです」

奥様「そう言われてますからね…どういうことなんですか？」

ここで専従者の意味を説明し、奥様が専従者をやめないと社長になれない理由を説明しました。

専従者とは一定の業務に半年以上専従している人のことです。だから医院で専従者給与を取っている奥様がＭＳ法人の社長に就くことはできないのです。

奥様「でも私が専従者給与を取らないと主人の所得が増えて税率が50％になりますね。それは困りますね」

牧野「お子様のどちらかに社長になってもらうことですね。お子様のことについて教えてください」

ここで医師と奥様が一瞬目配せをしました。私は必要以上に聞かないほうがいいと感じました。

牧野　「何か言いにくいことがあれば話さなくてもいいですよ」

奥様　「娘は結婚して近くに住んでいます。息子は社長にはなれないと思います」

牧野　「近くに住んでいなくてもMS法人の社長にはなれますよ。先ほども言いましたように
MS法人は一般法人ですから、社長は毎日会社に来る必要はありませんし、近くに住んでいなくても大丈夫ですよ」

奥様　「そうなんですか。安心しました。では父に万一があった時には娘がMS法人の社長になればいいのですね」

牧野　「ご本人の了解が必要ですが、お嬢さんがMS法人の社長になることは何の問題もありません」

奥様　「ありがとうございます」

ここで直感がひらめきました。全くの直感でしたが念のために説明しました。この医院には後継者がいません。だから医師が引退するとMS法人はその時点で廃業となります。MS法人が廃業になればお子様たちも収入がなくなります。その時の息子さんのことが気になっている様子でした。

牧野　「奥様、MS法人でお嬢様を被保険者にしてガン保険に加入すると、全額経費で処理でき

て、将来解約するとお金が戻ってきます。このお金には色や名前が付いていないので、何に使ってもいいですよ」

奥様「そのお金は息子に渡してもいいのですか？」

牧野「息子さんは役員ですよね。それならMS法人を廃業する時に退職金として渡すことができますよ」

奥様「それはいいですね。プランを考えてください」

牧野「ありがとうございます。では毎月いくら頑張りますか？」

奥様「一度税理士と相談します」

牧野「よく相談してくださいね」

しばらくして奥様から電話がありました。

奥様「牧野さん、毎月35万円でプランを作ってください」

牧野「ありがとうございます。でも確か利益が130万円しかないMS法人が年間420万円も払って大丈夫ですか？　もう少し減らしたほうがよいと思いますよ」

奥様「ありがとうございます。役員の報酬を減らしますから大丈夫です」

牧野「それではお嬢さんを被保険者として毎月35万円でガン保険のプランを作ります」

奥様「はい、お願いします」

牧野「その場合、1社で全額支払うより、2社に分けたほうが保険会社のリスク分散にもなりますので、そうさせていただきます」

奥様「そんなことができるのですか?」

牧野「はい、大丈夫です」

奥様「では、それでお願いします」

奥様はここまでして息子さんにお金を残してあげたかったようです。早速プランを作って送付しました。

その後、電話をかけた時の会話です。

牧野「プランをお送りしましたが届きましたか? ご覧になっていかがでしょうか?」

奥様「見ました。これでお願いします」

電話で承諾をもらい、お嬢様が医院に来ている日に合わせて訪問し契約しました。

さらに続きがあります。

奥様「ありがとうございました。牧野さんにいろいろと教えていただいて助かりました。少し安心できました」

牧野「それはよかったですね。私もうれしいです」

奥様「ところで私と主人にもお金の貯まるプランはありませんか?」

牧野「ありますが、そんなに効率はよくないですよ。結果として銀行よりは貯まりますが、たいしたことありません」

奥様「でも銀行より貯まるのでしょう」

牧野「はい。でも保険ですから中途解約したり、途中で払えなくなると損されますよ」

奥様「最後まで払えば問題はありませんよね」

牧野「それはそうです」

奥様「では考えてくださいよ」

牧野「それは個人の保険で、MS法人ではムリです」

奥様「それは理解しています」

牧野「では奥様、毎月必ず払える保険料はいくらですか?」

奥様「毎月20万円くらいです」

牧野「それで何歳まで払いますか?」

奥様「70歳まで払います」

牧野「ご主人が70歳までであれば奥様は65歳まで支払うプランにしますね」

奥様「いいえ、私も70歳でお願いします」

牧野「でもご主人が70歳の時、奥様は65歳ですから、ご主人が引退したら奥様の収入もなくなりますよ」

奥様「なるほど、そうですね。そこまで気が付かなかったわ。それでは私のプランは65歳まで支払うプランにしてください」

月払い40万円の年金保険が追加で決まりました。

ここがキモ

信頼を得るために大切なことは、次の3つです。

①聴くこと（傾聴）

②聴いたことを実現するプランを作ること

③圧倒的な専門知識

MS法人について詳しい保険営業はいません。また開業医の中にはよく知らないままMS法人を作ってしまって、困っている人もいます。あまりMS法人に出会うことはないかもしれませんが、MS法人を作っている開業医に出会ったらチャンスだと考えてください。多くの保険営業はしり込みして逃げてしまいます。一般的な保険の話だけをしています。

そんな時に圧倒的な知識を持っている保険営業が現れたら、それは信頼につながります。

「MS法人はチャンスだ！」

そう思って勉強してください。

第6章 ドクターマーケット開拓の秘訣

1 マーケット移行の考え方

多くの方はドクターマーケットにチャレンジする際に自分自身の営業マーケットを移行しようと考えます。従来お金を稼いでいた個人保険での仕事量を減らして、ドクターマーケット開拓のための時間を作ろうとしがちです。

でもそれは間違いです。その方法では個人保険を売る時間が減るので、収入が下がります。するとと不安になります。かといって新たにチャレンジしたドクターマーケットでいきなり成果が出ることはありません。ドンドン収入が下がってきて最後には「やっぱりムリだ。元の個人保険に戻ろう」となります。

それではうまくいきません。従来の個人保険の仕事量はそのままにして、さらにドクターマーケット攻略の時間を作る努力をしてください。

方法は簡単です。遊ぶ時間と寝る時間、家族と過ごす時間、趣味の時間等を減らして新たな時間を作ります。

またさらにはお金を使って時間を作ることも一つの方法です。それはアシスタントを雇うことです。日々の業務の中で保険営業がやらなくても良い「作業」は多くあります。その「作業」をアシスタントにしてもらって、営業する時間を増やすのです。

「マーケット移行ではなく、マーケットをさらに大きく広げる」ことが肝要だと思います。そしてドクターマーケットで十分やっていけると確信が持ててから、個人保険から離れていきます。そうすることで不安なくスムーズにドクターマーケットで活躍できるようになります。

2 短時間で確実に成功する方法

もし、あなたが今からゴルフがうまくなりたい。それもシングル（上級者）になりたいと決めたら以下のどの方法を選びますか？

①毎日プロゴルファーのビデオを2時間見る
②毎日ゴルフ練習場に通って自己流で練習する
③毎日ゴルフ練習場に通って元プロ野球選手にタダで教えてもらう
④毎日ゴルフ練習場に通ってゴルフのレッスンプロにお金を払って教えてもらう

答えは④です。明らかですよね。

保険営業がよくする失敗は、②と③です。

②…自己流でも上達はしますが、時間がもの凄くかかりますし、すぐに限界が来ます。
③…ゴルフをしたことがない人に教えてもらってもゴルフは上達しません。ゴルフが上手になりたいのならゴルフが上手な人で、かつ教えるのが上手な人に教えてもらいましょう。

まずは社内でドクターマーケットで素晴しい成績を上げている人を探しましょう。そして頭を下げてお願いしてください。そんな人がいなければ、社外で教えてくれる人を探してください。それが一番確実に、しかも最短でできるようになる方法です。

3 開業医に会うために

保険営業の皆さんから受ける相談に次のようなものがあります。

「開業医と会うにはどうすればいいですか?」

「どこに行けばいいのか見当がつきません」

その答えは次のようなものになります。

牧野 「開業医のいるところに行きましょう」

「開業医は町のクリニックに行けば会えますよ」

当たり前のことです。

私は当たり前のことを積み重ねてきただけで、魔法を知っているわけではありません。そんな当たり前のことを10年間コツコツと実行してきただけです。

多くの保険営業は私に魔法のような方法を尋ねます。

「きっと牧野さんだけしか知らないことを知っているんじゃないの?」
「牧野さんは特別なコネがあって、そのコネを使っているんじゃないの?」
「牧野さんは生まれつきもの凄い才能があって、牧野さんしかできないことをしているんじゃないの?」

すべて違います。私は誰にも負けない努力はしてきましたが、特別な才能があったわけでもありませんし、特別な人脈があったわけでもありません。ただひたむきに努力をしてきただけです。

多くの保険営業は自分で「できない」と決めているだけです。

もしあなたが「自分にもできる」と勘違いして行動を始めれば、必ずできるようになります。

「開業医は町のクリニックに行けば会える」ので積極的に営業活動してください。

4 開業医の集まる場所に行く

クリニック以外でも開業医と親しくなれる場所があります。

・高額な研修会
・ワインセミナー等
・有名料亭の食事会　等

これらのすべてのところに開業医がいるわけではありませんが、過去私が参加した時には開業医が参加しているケースが多くありました。そこで出会う開業医とは同じ一参加者として知り合うことができるので簡単に仲良くなれます。その場では仲良くなるだけで十分です。その後時間をかけてお付き合いをしていけばチャンスが生まれてくるはずです。

私が実際にしたチャレンジで日本で私だけしかしていないことがあります。それは歯科医師を開拓する時に使った方法です。それは、入れ歯の学校に入学することです。

私は、ある歯科技工所が開催する歯科医師向けのデンチャー（入れ歯のこと）スクールに入学したことがあります。当然参加者は歯科医だけ。年齢も35歳以下です。そんな中、私だけが異色でした。

参加している歯科医師は私に質問します。「どうして保険屋さんが参加しているの？」

私は「興味があったから」と答えていました。

デンチャースクールに参加する歯科医師は開業前の勤務医または開業して間もない歯科医師です。だからお金がありません。当時私はソニー生命で稼いでいましたし、年齢も私が一番上でした。スクールが終わると毎回参加している歯科医師たちを連れて居酒屋に行っていました。だいたいは私のオゴリです。3ヵ月もするとすっかり仲良しです。スクールは6ヵ月で一旦終了するのですが、飲み会は継続していました。彼らは順に稼ぐようになり、彼らから私に声がかかるようになりました。

「牧野さん、接遇（接客）の方法について教えてくれませんか」

「牧野さん、稼げるようになったので一度お金の有利な残し方を具体的に教えていただけませんか」

気づくとほぼ全員が私の契約者になっていました。

なお、私は今でも一応デンチャーは作れます。でも使い物にはなりません。口に入れると血まみれになること間違いなしです（笑）。

5 開業医をセミナーで集める

自分でセミナーを開催するのもいい方法です。これは時間がかかりますが、うまくできると一気に50人もの開業医と知り合いになれます。しかも開業医から「先生」と呼ばれます。そう呼ばれるまでに6年かかりました。今では年に10回程度開業医を集めてセミナーを開催しています。

主なテーマとしては次のものがあります。

・開業医の正しい財産の作り方
・賢くお金を貯めるセミナー
・開業医の資産運用と管理方法

・含み資産で病院を守る
・医療法人化って損得どっち?
・医療法人を最大限活用する
・MS法人徹底活用術

また私のセミナー手法としては、
・パワーポイントを使う
・時間は1時間
・テーマに沿って丁寧に一般論を解説する
・最後に質問を受ける
・終了後、その場で個別に質問を受ける
・具体的な解決策はセミナーでは一切しない
・個別の具体的な相談は別の日に予約制でする
・アンケートを取る
というようなものです。

いずれにせよ一番大切なことは、「生命保険の具体的商品の説明はしない」ということです。

また心がけることとしては「テーマに沿ってセミナーを開催し、信頼を得る」ことです。

ご参考までに私がセミナーで使用している資料の一部をご紹介します。

図1　どんぶり院長の発想

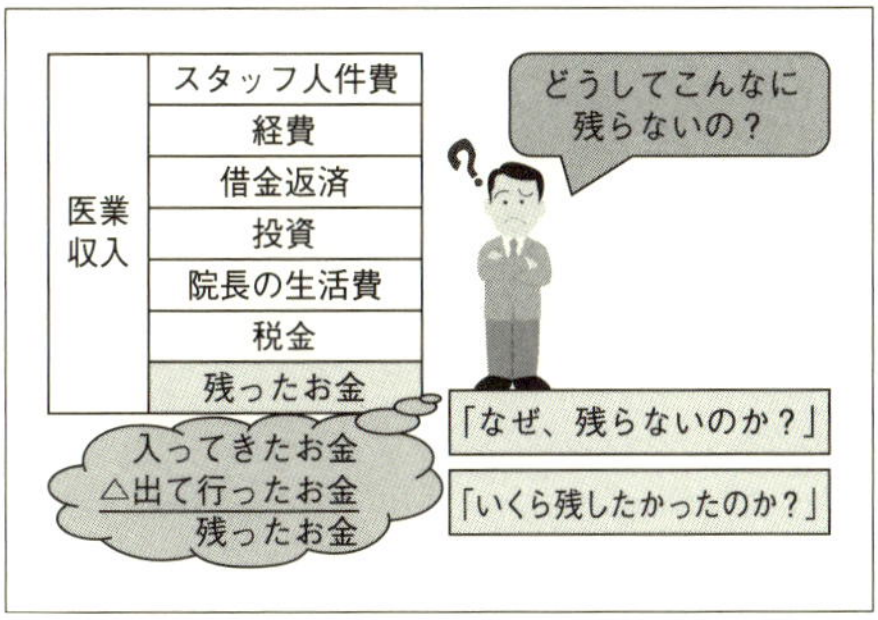

図2　まず第一歩！　「現状を知る」

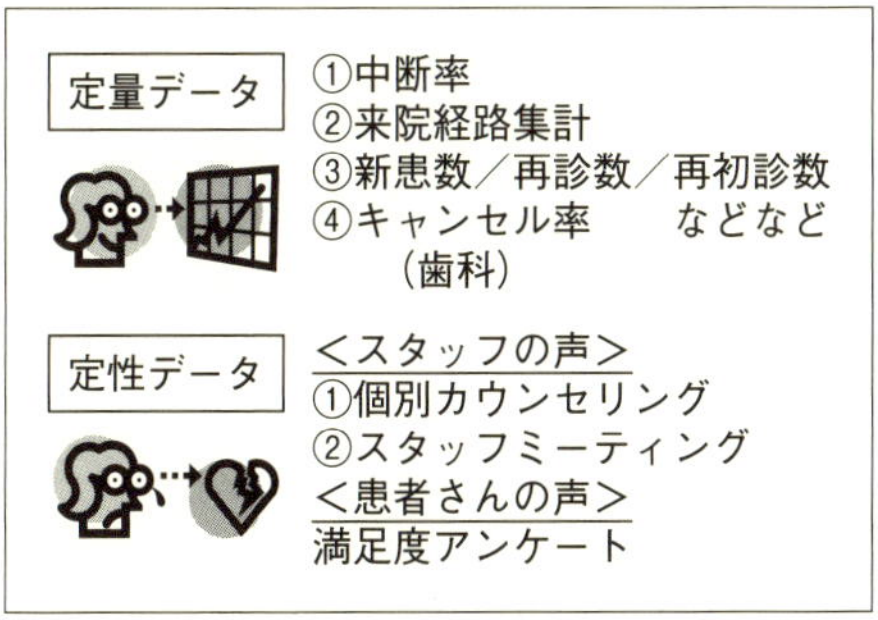

図3　所得分散効果の計算例

	個人開業医	医療法人		
		法人	ドクター	夫人
所得・報酬	3,000 万円	万円	万円 万円	
税金	万円	万円	万円	
税引後所得	万円	万円	万円	

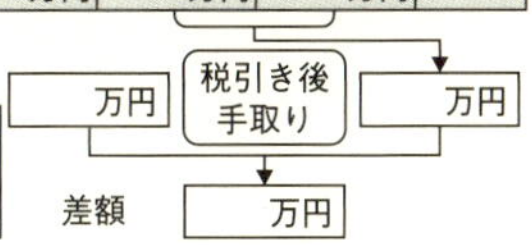

★（　）内は
給与所得控除
★税額は概算

☞ここがキモ

●過去特に開業医の関心が高かったのは…

個人事業で申告している開業医が医療法人化して所得分散した場合のシミュレーションを説明した時です。そして勇退時にトータルでの個人の収入が1億円以上増える方法を開示した時でした。

このシミュレーションを聞いた開業医が「是非私にも詳しく教えてほしい」と個別相談が殺到しました。この時は結果的に多くの契約をいただくことができました。

開業医から信頼されると、いろいろな相談が出てきます。その相談の中で信頼を深め、結果として「保険が売れてしまう」ような仕組みを作ることです。私の場合、1回目のセミナーでは開業医が3名参加でセミナー開催しました。その後1名参加や「ゼロ」の時もありました。それでも徐々に参加者が増えていき、最近では多い時は50名近い開業医が参加することもあります。

また、開業医が喜ぶセミナーを開催できるようになると、開業医の団体にもアプローチできます。

・医師会

・医師共同組合
・地区の医師会
・保険医協会
・保険医共同組合
・○○大学医学部（歯学部）○○県支部

もちろん簡単には採用されませんが、チャレンジする価値は十分にあります。私の場合もいろいろな団体の依頼でセミナーを開催しています。

簡単ではありませんが、できるようになると世界が変わるかもしれません。是非チャレンジしてほしいものです。

第7章　一刀両断！　よくある質問集

Q1

保険営業をしていると、税理士が途中で出てきて反対されます。どうしたらいいですか？　また、税理士から決算書や申告書についての説明は受けないものなのでしょうか？

A

まず、税理士に「なぜ反対されるのですか？」と尋ねます。その理由を聞いてから対応します。反対理由が正しければ、「分かりました。そのとおりですね」と引き下がります。反対理由が間違っていた場合は「それは違います。なぜなら…だからです」と税法や税務通達等事実を話します。

また反対理由には、明確な根拠がないことも多いので、その場合は「では特に根拠もないようです。このプランで進めます」と言って契約に向かって手続きを進めます。

医師によっても違いますが、往々にして税理士から決算書の内容の説明を受けている開業医はまずいません。私は決算書や個人の申告書を見たら必ず内容の説明をしています。それだけでもの凄い信頼につながります。

保険を税理士に任せている開業医もいますが、この人たちも丁寧な説明は受けていないことが多いようです。多くの税理士のトークは「先生、このままだと税金が多くなるので保険でも使って節税しましょう」というものです。

私が加入の意図や将来の活用について開業医に尋ねても「税理士に言われたから」というような答えで、加入理由を答えられません。この点がポイントになります。

大切なことは、開業医の夢や希望、不安をしっかり聞いておくことです。その夢や希望、不安に対して正しいか、否かを判断すればいいだけです。そのヒアリングが十分できていないから、税理士に反対されると怖気《おじけ》づくのです。

また、税務知識の多寡で、保険営業は税理士が出てくるだけでしり込みしてしまいます。確かに税務全般の知識では税理士に勝つことはできません。私が詳しいのは保険の経理処理に関する税務の知識です。このことでは税理士に絶対に負けません。それだけの勉強をしています。これはあなたが努力して身につけてください。

95%の税理士はガン保険や逓増定期保険の経理処理や活用法について詳しく知りません。逓増定期保険の名義変更プランはまったく知りません。

私が保険について税理士に説明すると「そんなことができるのか」と言っていることがほとんどです。だから安心して税理士と対決してください。

私は税理士が税務の知識をひけらかした場合はこう言います。

「先生（税理士）、あなたは税理士の資格を持っていらっしゃるのですから、私より税務に詳しいのは当然です。それはイチロー選手が『私はプロ野球選手以外の人より野球が上手い』と言って自慢するようなことですから、恥ずかしいことですよ」

「でも私（牧野）は保険に関しては先生より詳しいですよ、とは自慢していないでしょう？　それは自慢すべきことではなく、恥ずかしいことだからです」

そのように言って税理士をたしなめます。

Q2 高齢の開業医に対して保険を使ったいい相続対策はないでしょうか？

A

生命保険加入の医務診査にパスするかどうかで変わりますね。医務診査にパスするのであれば、短期払いまたは一時払いの終身保険がいいと思います。ただし、非課税枠程度の小さな保険ではなくて、支払い可能な金額をお聞きして提案します。

聞き方は「先生、今お持ちのキャッシュを先生が残したい人に残す方法があるのですが、ご興味ありますか？　もしあるようでしたら、ピッタリの方法がありますが、お聞きになりますか？」というようなものでしょう。

そして開業医が「興味がある」と答えたら、まずは告知書を出して「すべて『いいえ』でないとできませんので、目を通していただいてご確認ください」

結果すべて『いいえ』であれば、「では次回に提案いたします」と進めます。
もし、医務診査にパスしないのであれば、
・契約者：高齢の開業医
・被保険者：子供
・受取人：契約者
・保険種類：低解約の終身または長期定期
・支払方法：年払い
このように提案します。

Q3

開業医にアプローチして、会える確率が一番高いのは新規開院の開業医ですが、増患の悩みを聞いて終わることが多いです。継続訪問はできますが、そのまま定期訪問を続けて人間関係を続けるスタイルでいいのでしょうか？

A

私の目的は「保険販売」です。だから結果として保険販売につながるかどうかで判断します。

もしあなたが増患の悩みを聞いて、解決できる能力があればお手伝いしてください。数年後の儲かった時に保険契約をいただけるかもしれません。でも、増患の悩みを解決する能力がなければ、何度訪問しても、開業医からみれば「無能な営業マン」に見えるでしょうから保険契約につながる可能性は低いと思います。

私は自分が開業医に対して貢献できることを明確に伝えて、それ以外の相談には乗りません。だって解決できないですから。

私が開業医に対して貢献できることは、

・有利にお金を貯めること
・老後の資金を効率よく準備することができること
・個人から医療法人に変えるべきタイミングの判断ができること
・医療法人化の手続きのお手伝いができること
・医療法人化したときの「税金対策」が得意であること

であることを伝えます。

そして「そんなお手伝いが必要ならお声がけください。でもそれ以外はお手伝いできません」そう言い切ります。その上でセールスレターやメルマガ、定期ハガキ等でフォローします。それで連絡がなければ仕方がない、連絡があればラッキーと考えます。

Q4 ドクターに一番喜ばれる保険の種類を教えてください。

A

開業医の考えは人それぞれです。一番喜ぶ商品が分かったら私はこんなに苦労していません。むしろ分からないから面白いし、楽しいと思います。

私はすべて「聞く」ことで解決します。自分勝手にプランを作ることはありません。私は開業医の考えを推測したり、見破ることはできません。だから何でも聞きますし、聞くと教えてくれます。

「先生のお考えに合う保険はどのタイプですか?」

「先生のお金ですから、先生のお考えにピッタリの保険を選んでくださいね」

このように商談が進めば、後で「違う」と言われることはありません。

保険営業が勝手に決めて喜ばれることはまずありません。必ず開業医に確認しましょう。

Q5 ご夫婦ともドクター（個人開業医）の場合、何か良い切り口などありましたら教えていただけないでしょうか？

A

たったこれだけの条件で良い切り口と言われても答えは「分かりません」としか答えようがありません。大切なことは「聞く」ことです。

聞くこととしては最初は2人の共通のことになります。

・2人の夢
・お子様の将来のこと
・医院の将来のこと

次にそれぞれのことです。

・それぞれの夢
・老後のこと
・医師としての退職時期や考え方

などがあります。

多くの保険営業は保険契約に関連したことを聞きがちです。でもそれでは開業医の心をつかむことはできません。

ご夫婦の場合でしたら、2人の考えや価値観をただ黙って聞くのです。そして「聞く」ことで2人のことを理解します。そうすると2人は「話す」ことで私に対して好意を持つようになります。この関係ができれば、契約に大きく近づきます。どんな場合でも近道はありません。苦労しながら一歩ずつ進んでください。

Q6

保険医協会の共済制度普及登録をしたので、保険医協会の医師年金の案内からアプローチをしていこうと思っています。その際の注意点があれば教えてください。

A

普及期間中は、一切生命保険の話をしてはいけません。共済制度の普及が仕事です。そのように注意されていませんか？　それを破れば出入り禁止となりますので、十分留意してください。

普及期間にすべきことは、会員の先生方と顔見知りになることです。そして共済制度の普及を通して信頼を得ることです。このことを間違っていきなり生命保険の話をしたり、共済制度の普及に関係のない話をすると、すぐに保険医協会にクレームが入ります。クレームが入ると担当から外される可能性があるので十分留意してください。

もともと生命保険営業は、「生保が売れる」と勘違いして共済制度の普及員として登録しますが、保険医協会はそんなことは全く期待していません。保険医協会が期待していることは共済制度の普及です。だからその意図に反してはいけません。

これだけだと元気がなくなるかもしれませんので、どのようにして生保販売につなげるかをお話しします。

それは共済制度の普及期間が終わってから改めて訪問することから始まります。

加入いただいた先生には、

・「お礼に伺いました」

・「実は先生、共済制度とは別のお金を有利に貯めるプランがあるのですが、ご興味ありませんか？」

加入いただけなかった先生には、

・「先日はお忙しい中、失礼いたしました。もしよろしければご加入されなかった理由を教えていただけませんか？」

・「ありがとうございます」

・「実は先生、共済制度とは別のお金を有利に貯めるプランがあるのですが、ご興味ありませんか？」

このようにキッカケをつくりに訪問してください。共済制度普及登録をして3年はおとなしく共済制度の普及だけをしましょう。普及の成績が上がると保険医協会のほうから生命保険見直し希望の開業医を紹介してくれます。それまではじっと我慢です。

Q7

開業医を訪問する場合、仲良くなるためにどんな話をしますか？　また、次回のアポはどんな感じで取るのですか？

A

開業医へ訪問する目的は仲良くなることではありません。私が開業医を訪問する目的は「信頼され、良き相談相手になる」ためです。仲良くなっても大きな保険契約を預かることはできません。仲良くなるだけだと、お付き合い程度の月払い10万円程度の保険が上限ではないでしょうか？

「どんな話をしますか？」ということは、開業医に対しての売り込みの方法のことを言っているのであれば、開業医に限らず、売り込みに来る営業マンを歓迎するお客様はいませんので、最初はセールスの話はしません。

私が心がけていることは、

①開業医に興味を持って開業医のことを知ること
②開業医の困っていることや悩みを話してもらえるようになること
③開業医の夢や希望を話してもらえるようになること
④開業医に自分の人柄を知ってもらうこと

ということです。そのためには「聞く」ことに尽きます。

だから初回訪問は「先生のことをいろいろと聞かせてください」と話しかけます。そこで開業医が「話したくない」と言えば、「分かりました」と伝えてすぐに帰ります。その開業医とは縁がなかったと思い、別の開業医を訪問します。

開業医が話してくれれば「ありがとうございます。また続きを聞かせてください」と言って次回のアポイントを取ります。

多くの保険営業は「売り込み」することが仕事と思っているようですが、それは大きな間違いです。保険営業の本来の仕事は「問題解決」です。だから開業医の問題を顕在化させて、共有します。そしてその問題点を解決する手段を提供することです。それができれば勝手に大きな契約につながっていきます。

Q8

ファクトファインディングにどの程度の時間をかけていますか？　その時間帯はお昼休みでしょうか？　診療後？　休みの日？　基本的には奥様同席でしょうか？

A

時間帯や日時は開業医の都合によって変わります。開業医によってすべて違います。だから訪問時に「先生はいつがいいですか？」と尋ねます。

また奥様の同席は、必ず依頼します。でも判断は開業医に任せます。

私は保険を販売するためのファクトファインディングはしません。開業医との会話の中から必要なことを聞き出しています。だから時間は決まっていません。1時間で済む時もあれば、2時間を3回重ねることもあります。

大切なことは、開業医が保険営業に話したいことをすべて話し終えるまでファクトファインディングは終わらないということです。

Q9 既契約の話はじっくりされますか？

A

私は、商談の最初に既契約の分析はしません。既契約を見ることもまずありません。

私の切り口は「有利にお金を貯める」ことです。最初に既契約を分析する必要はありません。お客様は気づいています。保障内容の分析と言いながら保険営業に保険証券を見せるとその答えは決まっています。

・もっと良いプランがありますよ
・この特約は過大ですよ
・この特約は不要ですよ
・掛け捨てですよ
・数年後に値上がりしますよ

開業医が気づいていることに気づいていないのは、保険会社と保険営業だけです。だから私は最初に既契約の分析をしませんし、いったん「お金を貯める」契約をいただき、信頼関係を築いた後に、じっくりと分析します。すると開業医の本音が聞けます。売りつけるためではなく、本当に開業医の人生設計に合っているかどうかを確認します。

合っていれば「続けてください」。

合っていなければ「合っていませんが、見直しされますか？」と訊ねます。

開業医が「見直しする」と答えれば、「では、先生にとって最善のプランを作ります」となっていきます。

Q10

開業医を訪問して次回のアポを取る時、開業医から「こちらから連絡します」と言われましたが連絡が来ません。どうしたらよいでしょうか？

A

開業医が「こちらから連絡します」と答えた場合、その意味は「君は役に立たないから、二度と会うことはない」ということです。つまり、開業医の信頼を得ることに失敗したのです。非情なようですが、まずはそのことをハッキリと認識するべきです。

原因は不明ですが、ヒアリングが十分でないと、このようなことになりがちです。保険営業が言いたいことを一方的に話して、開業医のことを聞いていないのだと思います。大いに反省すべきでしょう。

あなたが売り込みをせず、お役に立てることだけを本当に考えて訪問していれば、このようなことにはならないものと思います。

私の場合、もし開業医に「こちらから連絡します」と言われたら、

「先生、今日の私はお役に立てなかったようですね。せっかくお時間をいただいたのに、申し訳ありませんでした。誠に厚かましい話ですが、どんなことをお話すればよろしいのか、教えていただけないでしょうか？」

そのように話します。

Q11

営業をしているとくじけてしまうことが多々あります。どうすればくじけないで営業を続けられますか？ また、モチベーションが下がった時、どのようにして再度モチベーションを上げればいいでしょうか？

A

私のミッションは、「大阪で開業医に一番役に立つ財務コンサルタント」です。だからワクワクしながらそのミッションに向かっています。いうなれば今は「夢の中」です。言い換えれば「夢中」です。

そんな私がくじけることはありません。だって一番やりたいことをしているのですから。

また、結果は出るまで続けるから結果が出るのです。自分を信じて続けます。そのためには、努力と行動あるのみです。

私の好きな言葉は、

「誰でもできることを、誰にもできないくらいやる」

「誰にも負けない努力をする」

です。期間を長く続けていても、誰にも負けない努力をしていなければ成果が出ることはありません。

私の保険営業のミッションは、

・私は開業医が一生お金で苦労しない資金計画を提供するために存在する

・結果、生涯幸せな５００人の開業医をサポートすることを目的とする

・そのために生涯学び続けることをやめない

ということです。

ですからモチベーションは下がりません。自分がやりたいことをしているからです。もしあなたのモチベーションが下がるのなら、全身全霊で取り組んでいないのでしょう。

人には天職はありません。一生懸命取り組んだ仕事が楽しくなって、それがやがて天職になっていきます。是非保険の仕事を天職にしてください。

Q12

勉強方法についてお伺いします。効率の良い勉強方法はありますか？　良いテキストはありますか？　また、これまでに読んだ本を教えてください。

A

効率の良い勉強法はありません。また効率の良いテキストもありません。「効率が良い」とは楽をして成果の出る方法のことだと思いますが、そんなものはありません。なぜなら、あなたが知りたいことだけを書いている本はこの世に存在しないからです。ですから自分でガムシャラに勉強して、自分でまとめてください。

私の読んだ本は１００冊以上です。少しでも開業医に関係ありそうな本があると手当たり次第に買いました。例えば、

・診療報酬の改定
・第５次医療法改正
・医療法人の税制
・開業医の税制
・医院のスタッフ管理について

等々です。とにかく本は何でも読みました。私のほしい情報は本の１％～３％程度しか記

載されていませんでしたが、それでも読み続けました。塵も積もれば山となる、です。

また、20万円以上の外部研修にも積極的に出ました。手当たり次第に研修やセミナーにも参加。毎年年収の10％以上は使っていました。その中から少しずつ知識を身につけていきました。もし人より秀でたいのなら、人より圧倒的に努力しなさい、ということです。簡単にできないからチャレンジしがいがあるのです。

Q13

牧野さんでも10件中8件は「すぐに商談には至らない」ということですが、本当ですか？

A

はい、本当です。10件中8件「すぐに商談には至らない」ことは当たり前です。逆に10件中2件が商談になるということは誇らしい確率だと思います。

通常は開業医100軒に飛び込んで1軒話ができれば御の字です。それが100軒中20軒ということですから、通常の20倍の確率です。

もともと「保険の話を聞きたい」と依頼されて訪問しているわけではありません。「お金を有利に貯めることに興味ありませんか？」と確認するために行くわけです。だから「興味がない」と答えたら即座に帰ります。つまり私が選択しているのです。今すぐ商談ができる開業医かそうでないのかを選別しています。

即座に「興味がない」と答えてくれればラッキーです。すぐに次の開業医を訪問できます。

一番困るのは興味がないのに聞きたがるヒマな開業医です。断られて喜ぶ気持ちを持ちましょう。

Q14

60歳で一人医療法人化された場合、退職金積立の提案はできますか？　また、60歳くらいの医師にも長期平準をお勧めしますか？

A

60歳で医療法人化した医師には、何か理由があるはずです。だから聞きます。

「先生、なぜ60歳で医療法人化されたのですか？」

その答えを聞いてから、医師の意図に沿った提案をするだけです。60歳であろうとなかろうと私から提案することはありません。開業医の考えや目的をよく聞いて、その意図を達成できる手段をお話しします。その際に生命保険が一番有効であれば、生命保険の提案をします。生命保険以外で有効な手段があれば、その手段をお話しします。私の取扱商品の中に有効な手段がなければ、その手段を持っている人を紹介します。
何度もお話していることですが、私のほうから勧めることはありません。

Q15

医師に会う前の受付で断られたり、「どのようなご用件ですか?」と言われる時、何と言えばいいですか? また、「お金を残す方法に興味がありますか?」で、初対面の医師が興味を示すことは少ないと思いますが、どう乗り越えましたか?

A

飛び込みは、アポを取るためではありません。その場で商談するためでもありません。私は開業医が今すぐ顧客になるかどうかの確認するために飛び込み訪問をしているのです。だから突破する必要はありません。

今すぐ顧客かどうか確認できれば目的は達成です。

受付で「どのようなご用件ですか?」と尋ねてもらえればラッキーです。初めての飛び込みでハガキ名刺を見せて「先生にウイッシュアップの牧野克彦が来たとお伝えください。そしてここに書かれていることに興味があるかないかだけ聞いてください」と言います。実際に使っていますが10軒訪問すると2軒の先生が「どんなことができるの?」と出てきてくれます。受付で「先生からお断りするように言われています」と言われれば、同じようにハガキ名刺を見せます。結果は同じように10軒中2軒の確率です。

飛び込みで初対面の開業医が「興味ある」と答えることはありません。だから創意工夫をしています。私はハガキ名刺を作ってから20回以上作り直しました。その結果が10軒中2軒の確率となっています。

手前味噌ですが、ハガキ名刺だけでも100万円以上の価値があると思います。実際に研修参加者の中でハガキ名刺を使ってANP（新契約年換算保険料）5000万円以上稼いだ人もいます。大切なことは「難しい」と頭で考えるより、チャレンジすることです。

Q16 医療法人で月払いにした場合、決算期は関係ないのですか？

A

月払いに決算期は関係ありません。いつでも始められるのが月払いです。だから決算対策ではありません。

「先生、お金を貯蓄する場合は年に1回貯金しますか？　それとも毎月貯金しますか？」と尋ねると、多くの開業医は「もちろん毎月するよ」と答えます。その答えを聞いて「なるほど、先生は毎月貯金するのですね。では先生には毎月のプランがいいですね」と話します。私が決算対策で生命保険を販売することは稀です。お客様から尋ねられれば決算対策の意味をお話します。内容は、

①利益剰余金とのバランスの話

②医療法人の利益が800万円までの税率と、800万円超の税率についてです。つまり利益剰余金が十分積み上がっていないときに必要以上の税の軽減や利益の繰り延べをすることは医療法人にとってマイナスだからです。この話をすると大きな信頼につながります。是非この知識を身に付けましょう。

Q17

開業医に決算書を見せていただいた場合、保険料をいくらにするのか、保障の額はいくらにするのか、どの保険種類にするのか等は開業医に確認しますか？

A

もちろんです。確認しないでプランを作れるわけがありません。ただ確認の方法は直接聞いても答えられないので言葉を変えています。

・保険料をいくらにするのか？

「先生、毎月手取りでいくらあればご安心ですか?」

この質問で報酬月額を決めます。そして残った毎月の利益の50%以内が保険料の原資と考えています。

・保障の額はいくらにするのか?

「奥様、先生が死亡された場合、手取りでいくらお金があればご安心ですか?」

この質問で奥様が答えた金額が奥様の手取りになるように保険金額を決めます。あまりにも少なかったり、逆に大幅に過大な場合はその理由を聞きます。それで問題なければそのとおりにします。問題があるような場合はプロとしてアドバイスします。

・どの保険種類にするのか?

事前に保険種類について説明します。だから理解はできていると思いますので、「はい、分かりました。そうしましょう」。「どれがいいの?」と尋ねられたら、プロとして答えます。

Q18 効果的な飛び込みについて教えてください。

A

飛び込み訪問には十分なメリットがあります。それは開業医の保険営業に対する認識が実感できる点です。開業医は保険営業のことを「迷惑な連中」と感じているはずです。呼んでもいないのに勝手に来て「話を聞いてほしい」といきなり申し出る厚かましい連中だと思っています。

でもそれは事実です。過去、保険営業は開業医から見て「迷惑なこと」をしてきています。だからあなたがドクターマーケットにチャレンジを始めたら、本当に厳しい言葉を浴びせられます。もしそれがイヤならチャレンジしないことです。

私が10年前にチャレンジを始めた頃は毎日言われていました。

「毎日来ていい加減にしてください」（私は初めて訪問するのですが、その開業医には毎日保険営業が来ているようでした）

「うちの先生は保険屋なんかに会いません」

「保険は嫌いですから二度と来ないでください」

書き出すとキリがないのでこれくらいにしますが、心が折れそうになりました。だから開業医が知りたい情報や知識を（お金を使って）勉強しました。

訪問の時間帯は、昼休みの直前あたりに訪問して、先生の手が空くのを待っていました。

結局、飛び込みが苦手なら、方法は2つしかありません。

①諦める

②他の方法を考える（私は知りません）

苦手なことをしても成功しません。自分ができることを行うことです。

Q19 他社と相見積もりになり、商品もあまり変わらない時には、どのようにして契約まで持っていきますか？

A

開業医に決めていただきます。決めるのはお客様です。私には1％の権利もありません。だから相見積もりにならないようにしています。

そのためには徹底的に「聞く」ことです。ここ3年に競合した保険営業はメリットの話ばかりしています。例えば、

「先生、この保険は全額損金になって70歳時には○○％の返戻金があります」

「先生、この保険は○年後に○○％の返戻金があるので節税効果がありますよ」

「先生、この保険は…ですよ」

自分の言いたいことばかり話しています。言い換えると開業医の幸せには興味がないようにしか見えません。

ところが、私は開業医の話を徹底的に「聞き」ます。時には2時間を3回。時には1回に4時間。だから開業医は私の提案に耳を傾けてくれるのです。

そんな営業方法をしている私が他社や他の代理店との競合に負けることはありません。

ただ、開業医から「何とか税理士の顔を立ててほしい」との依頼があった場合は、開業医の前で税理士と話をして折半したことがありました。理由はそのほうが開業医が喜ぶからです。このケースでも聞くことで解決します。

このように「徹底的に聞く」ことがすべての問題を解決してくれます。

Q20 笑顔はどの程度練習していますか？

A

20年以上前に練習したことはありましたが、今は笑顔の練習はしていません。

今、私が心がけていることは「正々堂々」です。

・説明の方法は、事実をありのままに話す
・知らないことは知らないと言う

・態度も正々堂々とする
・断られても、契約になっても態度を変えない
　このことを守っています。すると自然に天真爛漫な笑顔になっています。
　ドクターマーケットに保険を売るにあたって、
①私が開業医に貢献できることを書き出しました
②そのことを伝えに行くことにしました
③伝える言葉を考えました
④失敗したら、やり直しました
⑤このことを繰り返しました
　これまで1000回以上の失敗を繰り返してきました。年数にして10年です。そしてようやく芽が出てきました。大切なことは、
・諦めないこと
・誰にも負けない努力をすること
・誰にも負けない行動を毎日すること
・失敗にもめげないこと
・失敗したら次のチャレンジをすること
皆さんの成功を心から応援しています。

◎著者略歴

牧野　克彦（マキノ　カツヒコ）

自動車ディーラーの世界でトップセールスマンとして活躍。33歳の若さで営業所所長に昇進。
その後、ソニー生命にヘッドハンティングされて生命保険営業の世界に入る。
その後独立し、平成17年より株式会社ウイッシュアップ代表取締役社長。
保険営業のほか、営業マン向けセミナーの講師、医療法人等の経営指導など、幅広く活躍中。
資格：ファイナンシャル・プランナー（AFP）
　　　トータルライフコンサルタント
　　　MDRT（Million Dollar Round Table）終身会員
　　　社団法人生命保険ファイナンシャルアドバイザー協会会員

株式会社ウイッシュアップ
〒541-0043　大阪府大阪市中央区高麗橋4-5-2　高麗橋ウエストビル6F
TEL 06-6201-5533　FAX 06-6201-5511
E-mail info@e-wishup.com
URL http://www.e-wishup.com/

あなたもできる！
保険営業のためのドクターマーケット攻略術

2011年11月21日　初版発行
2014年 6月 4日　第4刷発行

著　者　牧野　克彦
発行者　福地　健

発行所　株式会社近代セールス社
http://www.kindai-sales.co.jp
〒164-8640　東京都中野区中央1-13-9
電話　03（3366）5701　FAX　03（3366）2706

装　丁　与儀　勝美
印刷・製本　広研印刷株式会社

ISBN 978-4-7650-1125-9